DIE AGRARREFORM IN UNGARN

UND

DAS AM 7. DEZEMBER 1920 PROMULGIERTE GESETZ ÜBER DIE RICHTIGERE VERTEILUNG DES GRUNDBESITZES

VON

DIONIS v. SEBESS

STAATSSEKRETÄR DES KÖNIGL. UNG. JUSTIZMINISTERIUMS A. D.
DIREKTOR DES UNG. BODENKREDITINSTITUTES.

VEREINIGUNG WISSENSCHAFTLICHER VERLEGER
WALTER DE GRUYTER & Co.
VORMALS G. J. GÖSCHEN'SCHE VERLAGSHANDLUNG — J. GUTTENTAG, VERLAGSBUCHHANDLUNG — GEORG REIMER — KARL J. TRÜBNER — VEIT & COMP.
BERLIN UND LEIPZIG

I.

Die Agrarreform in Ungarn.[*])

Der Boden und seine Rechtsinstitutionen stehen wie überall, so auch in Ungarn in engster Verbindung mit der Rechtsentwicklung. Die zeitweisen Wandlungen im Staats- und Gesellschaftsleben sind teilweise auch die Ergebnisse einer jeweiligen grossen Bodenreformbewegung.

Das gesellige Zusammenwirken beruht anfangs auf der Familie, später auf dem Stamm. Das persönliche Bewusstsein, das Sichfühlen der Individualität fehlen noch. Die Bodengemeinschaft ist es, welche in Form eines primitiven wirtschaftlichen Rechtsinstitutes, beruhend auf der zwangsweisen Zusammenarbeit, sich als erstes herrschendes Element der landwirtschaftlichen Produktion meldet. Auf das System der Stammgüter[1]) baut sich das Dorf auf, anfangs als eine rein wirtschaftliche Gemeinschaft. Innerhalb dieses Systems sind schon im XIII. Jahrhundert die Stamm- und Familiengüter entstanden.

Es ist nicht schwer, die Geschichte des ungarischen Grundeigentums in grossen Zügen zu skizzieren, da sie, wie in ganz Europa, mit der Entwicklung des Staatsrechts, der politischen Freiheiten und des Wirtschaftslebens eng verknüpft ist. Europäische Beeinflussungen lassen sich überall nachweisen; andrerseits sind die Wirkungen gleicher wirtschaftlicher Faktoren und Naturkräfte in jedem Staats- und Gesellschaftsleben dieselben.

Das System der mit Kriegsdiensten und politischen Rechten verbundenen Schenkungen und das Urbarium[2]), die Erbordnung der Avitizität[3]), welche die Glieder der heiligen Krone, den Adel, als bevorzugte Klasse über die rechts- und besitzlosen Volksschichten setze,

*) Erschienen im Heft 2 des ersten Bandes der ungarischen Jahrbücher, herausgegeben von Prof. Gragger, Berlin und Leipzig, Vereinigung wissenschaftlicher Verleger Walter de Gruyter & Comp.

1) Stammgüter, descensus genannt, sind die von den Stämmen ursprünglich besiedelten, in Besitz genommenen Güter.

2) Das heisst die Gesamtheit der Fronleistungen und Realabgaben.

3) Die A. ist die Grundbesitzordnung des alten Ungarn. Nach ihr werden Stamm- oder Avitizgüter und Erwerbsgüter unterschieden. Erstere sind die Stützen der alten Sippen und Familien und daher in ihrem Verkehr vielfach gebunden. Nur über letztere hat der Besitzer unbeschränkte Verfügungsgewalt.

sind durchaus nicht speziell ungarische nationale oder gesellschaftliche Erscheinungen. Die Leibeigenschaft, die Gebundenheit des Grundeigentums, die Privilegien, das exklusive Städterecht usw. sind allgemeine europäische Erscheinungen. Die Wirkungen der Klassenkämpfe walten gleichmässig über ganz Europa. So z. B. der ungarische Bauernaufstand im Jahre 1514, die deutschen Bauernrevolten im Jahre 1525. Die Gebundenheit des Hörigen an den Boden wurde in Ungarn im Jahre 1791 aufgehoben; zur gleichen Zeit wird eine ähnliche Reform in Österreich durchgeführt, während in Deutschland diese Frage durch das Edikt vom 7. Oktober 1807 geordnet wurde. Den deutschen Agrarreformbestrebungen von 1811 (die Neuordnung des preussischen Urbariums vom 14. September 1811) entspricht die ungarische Gesetzgebung von 1832/36.

Doch haben die speziell nationalen Eigenschaften im Laufe der abweichenden Entwicklung des Wirtschaftslebens und der Demokratisierung des Grundeigentums verschiedene historische Rechtsinstitute zu noch heute bestehenden Organisationen herausgebildet. Die kirchlichen und Fideikommissgüter, der Gemeinbesitz des Adels, eine Art Allmenden, die besonderen Rechte der Komitate Hajdu und Jász-Kun ferner die der Militärgrenzen; diese alle sind besondere ungarische Rechts- und Wirtschaftseinrichtungen. Da aber letztere schliesslich doch Ergebnisse des ökonomischen Prinzips sind, ist es nicht schwer, eine Ähnlichkeit zwischen ihnen und den deutschen Einrichtungen zu finden (Allmenden, Rittergüter, Stammgüter, Anerbenrecht usw.).

Diese Einrichtungen vererbten sich auf die heutige Rechtsordnung. Sie Sollen als Ergebnisse der historischen Entwicklung betrachtet und von diesen Gesichtspunkten aus bewertet werden.

Die Gesetzgebung von 1832/36 hat die von Maria Theresia und Josef II. begonnene Reform der Urbarial-Arbeitsorganisation bedeutend weiter ausgebaut. Diese Reformen waren aber von der unwiderstehlichen Kraft der wirtschaftlichen Entwicklung bereits am Ende des XVIII. Jahrhunderts überholt. Die Hörigenarbeit gab langsam der Lohnarbeit Raum. Die Leistungen des Bauern auf Grund des Urbariums — in Transdanubien und zwischen Donau und Theiss — verwandelten sich allmählich in solche, die sich auf Pachtverträge stützten. Das Gesetz von Nachfrage und Angebot kam bald zur Geltung. — Die Besitzenden trachteten den Boden mit arbeitender Bevölkerung zu besiedeln. Ganze Pussten gaben sie in Niessbrauch, besonders an Gemeinden »in corpore«, wofür der Mietsbetrag von der Einwohnerschaft seitens der Gemeindeverwaltung erhoben wurde. — Um ein Arbeitervolk heranzuziehen, wurden grosszügige Ansiedlungen von Fremden durchgefürhrt. Durch günstigere Bedingungen als beim Urbarium wurde auch bei der Inlandsbevölkerung eine lebhaftere Bewegung bewirkt. Die Landherren trachteten, zwecks Steigerung der Produktivität nebst Sicherung eigener Vorteile dem Bauernvolk freiere Bewegung und gerechte Entlohnung ihrer Arbeit zu gewähren. Die immer häufiger zustande kommenden Grundablösungsverträge haben die Bodenbefreiung schon zu einer Zeit ermöglicht, als das erste gesetzgeberische Experiment, welches im Jahre 1840 gemacht wurde, noch gar nicht in Kraft war. Das ganze Wirtschaftsleben war reif für die 1848 proklamierte Umwandlung, ganz gewiss ist es, dass die natürliche Entwicklung, auch ohne revolutionären Umsturz, die wünschenswerten Reformen zustande gebracht hätte.

Während sich die Arbeitsleistung der Hörigen nach willkürlichen Bestimmungen der Gutsbesitzer richteten, trat mit der Entwicklung des Wirtschaftslebens der freie Arbeitsvertrag in den Vordergrund. In den Komitaten Zala, Tolna, Komárom sind bereits gegen Mitte des XVIII. Jahrhunderts beständige (ewige) Vereinbarungen zu finden; die Hörigen — die gegen Lohn arbeiteten — hatten schon damals das Recht der Freizügigkeit. Die Rechtsgelehrten MARIA THERESIAS, die das österreichische Bürgerliche Gesetzbuch vorbereitet haben, waren sogar bestrebt, das Urbarium in eine privatrechtliche Institiuton umzuwandeln (servitus in faciendo). Und als der Gesetzartikel XVI vom Jahre 1848 die Hörigkeit »für ewige Zeiten« aufgehoben hat, waren lange vorher schon Adelsgüter in grosser Zahl von Hörigen und besitzlosen Adeligen auf Grund privatrechtlicher Verträge erworben und Verträge zur Ausrodung und Ansiedlung und auch einfache Niessbrauchverträge abgeschlossen worden.

Es spielt sich ein ähnlicher gesellschaftlicher Vorgang ab wie im XI. und XIII. Jahrhundert. Aus der Klasse der Rechtlosen erhebt sich der Stand der Servienten, die weder Herren noch Diener sind, die aber den Klassenkampf um das Grundeigentum immer entscheidender beeinflussen. (J. SZEKFÜ, Die Servienten. *Ung. Rschau* 1913. 524.)

Die Rechtsverhältnisse des befreiten Bodens wurden durch kaiserliche Patente der 1850er Jahre geordnet. Es sind grosse, gewissenhafte juristische Schöpfungen; sie systematisierten alles, was durch die Freiheit des Grundeigentums und durch Einführung der Grundbuchordnung notwendig wurde. Die Wirkungen des Hypothekarkredits, des freien Immobilienverkehrs und der demokrafischen Erbfolge sind in unseren Tagen klar erkennbar, und diese Wirkungen sind es eben, welche auch die aktuellen Probleme hervorbrachten.

Welches sind jene Rechtsinstitute, mit deren Hilfe die Entwicklung der ungarischen Bodenpolitik vor sich gehen und die damit verknüpften Gesellschaftsformen die richtigen Bahnen einschlagen können?

Die kaiserlichen Verordnungen der Jahre 1850—55 haben sich bei der Regelung der Bodenreform auf die demokratischen Bestimmungen des zur gleichen Zeit in Kraft getretenen österreichischen Gesetzbuches gestützt. Die Grundbuchordnung hat für den freien Verkehr des Grundeigentums gesorgt und den Bodenkredit organisiert. Allerdings ist das Fideikommiss ausserhalb dieser rechtlichen Regelung des freien Eigentums geblieben. Obwohl auf Grund der diesbezüglichen Bestimmungen des österreichischen Bürgerlichen Gesetzbuches eine kaiserliche Verordnung kurz vor den grossen politischen Umwälzungen von 1867 auch die Rechtslage des Fideikommiss geändert hat, ist dieses in seinem Wesen unberührt geblieben, da die Verordnung nur unter dem Gesichtspunkte der Vermögensaufsicht und der Interessen der Anwärter Bedeutung erlangt hat. Ähnlich konnten auf Grund des alten Rechts und der Praxis kirchliches Eigentum und Stiftungsgut unangetastet bleiben.

Als gelegentlich einer Enquête unter dem Vorsitz des damaligen Justizministers SCHMERLING die Patente über das Urbarium behandelt wurden, stellte der Referent den Antrag, dass in Ungarn die fideikommissarische Substitution für zwei Generationen ermöglicht werden sollte, da sich doch die Bevölkerung an die Avitizität stark gewöhnt habe; auch Graf NICZKY bemerkte, es wäre wohl eine »kuriose Interpretation«, wenn das Land sähe, wie Fideikommisse der Magnaten bestehen bleiben können, die des niederen Adels aber nicht. Wenn das eine besteht, warum nicht auch das andere? SCHMERLING schloss die Sitzung mit der Bemerkung, dass bisher die Unbelastbarkeit des Fideikommisses der grösste Fehler war. Im übrigen aber gäbe es doch nur noch so wenige Fideikommissgüter, dass er neue Verordnungen für überflüssig erachte.

Auf diese Art ist die Rechtsordnung des modernen Grundbesitzes aufgebaut worden: einerseits sind manche historische Rechtseinrichtungen unberührt geblieben, anderseits aber ähnliche Institutionen ohne jeden Übergang in neue, fremde Formen gezwängt worden. Das wird durch viele Erscheinungen der Rechtsentwicklung bewiesen.

In den Gemeinforsten und weiden haben die SCHMERLINGschen Rechtsnormen eine Beeinträchtigung der Freiheitsidee, Überbleibsel der feudalen Ordnung erblickt. Diese Auffassung ging auch auf die ungarische Gesetzgebung über, welche bis in die neueste Zeit keine Rücksicht auf dieses bedeutende Reservekapital der Kleingrundbesitzer, auf diese unentbehrliche bewegende Kraft des gesellschaftlichen Zusammenhaltens genommen hat. Die neue verfassungsmässige Gesetzgebung von 1867 hat dann die rein wirtschaftlich wertvollen Gesetze, welche die Einheit der Hörigengrundstücke schützten, schleunigst entkräftigt (Gesetzarkitel LIII, 1871). Dabei liess sie aber das ganze System des gebundenen Bodens unberührt. So wurden einerseits der schädlichen Zersplitterung des Klein- und Mittelbesitzes keine Schranken gesetzt, anderseits die Wege einer gesunden Entwicklung gesperrt.

II.

Zwischen zwei Extremen bewegt sich das System des ungarischen Grundbesitzes. Auf der einen Seite das Atomisieren, der krankhaft schnelle Verkehr des Kleinbesitzes, auf der andern die allzu starre Unbeweglichkeit des gebundenen Besitzes. Die Kontinuität des Betriebes ist beim Kleinbesitz nicht gesichert, und bei dem Grossgrundbesitz umfasst der Betrieb viel zu grosse Bodenflächen. Die Ausdehnung des beschränkt verkehrsfähigen Grundbesitzes in Ungarn beträgt 34·56%, gegenüber 65·44% des freien Bodens. Allerdings entfallen vom ersteren nur 4·79% auf Fideikommissgüter und 1·76% auf kirchliche Güter; 17·69% dagegen umfassen Gemeinforsten und -weiden, die sich grösstenteils im Besitze von Kleinbauern befinden; nichtsdestoweniger sind die letzteren durch besondere Rechtsnormen geschützte, gebundene Güter. Aus diesem Grunde also kann und soll die Agrarreform zwei Richtungen haben: die Beschränkung der allzu erstarrten latifundialen Betriebseinheiten und das Stabilisieren der zu stark mobilen kleinen Einheiten. Beide Fragen stehen in enger Wechselbeziehung zueinander.

Es ist natürlich, dass die Anwendung von Zwangsmassnahmen möglichst vermieden werden soll, wie z. B. die allgemeine Regelung der Intestaterbfolge bei den Bauern. Hingegen müssen Rechtsmittel geboten werden, mit deren Hilfe sich die landwirtschaftliche Volksschicht die Grundlagen ihrer Beschäftigung, ihre Produktionsmittel erhalten kann. Die Bestrebungen nach Stabilisierung der Bauerngüter sind wohl bekannt; die gesetzliche Regelung der Substanzerbfolge[1])

[1]) Ähnliche Rechtseinrichtung wie das deutsche Anerbenrecht, wodurch das Gut gegen Erbteilung geschützt wird.

hat bereits FRANZ DEÁK im Parlament von 1840 gefordert. Heute erhellt es immer mehr, dass das Mittel gegen die sich immer mehr verbreitende Gefahr des Einkindersystems in dieser Rechtsinstitution liegt.

Die Bevölkerung will sich gegen wirtschaftliche Schäden, welche durch unbeschränkte Aufteilung verursacht werden, schützen; sie will den landwirtschaftlichen Betrieb als Ganzes an ihre Erben übertragen. Da das durch das Prinzip der gleichen Aufteilung ausgeschlossen ist, neigt die Landbevölkerung zum Einkindersystem.

Auf Grund des Anerbensystems stehen die Gesetzesartikel V : 1894, XV : 1911 und XLVI : 1907. Es ist darauf hinzuweisen, dass bei den staatlich Angesiedelten bedeutender Bevölkerungszuwachs stattfindet und vom Einkindersystem keine Spur vorhanden ist.

Dem Schutze der Betriebseinheit dienen auch Art. X : 1913 und XXXIX : 1913; den Schutzbestimmungen für Gemeindeforsten und -weiden kommt ihrem Wesen nach dieselbe rechtliche und wirtschaftliche Bedeutung zu wie den Besitz- bzw. Parzellenminimums-Bestimmungen, denn sie sind erprobte Sicherungen des Wirtschaftsbetriebes der Kleinbesitzer.

Durch das Prinzip der Grundzusammenlegung (Verkoppelung), welches als agrartechnisches Mittel in der Zeit der Urbarialgesetzgebung bereits Anwendung gefunden hat, wird ermöglicht, dass sich der Stärkere und Verständigere von dem Drucke des Flurzwanges in der kollektiven Bewirtschaftung unregelmässig verstreut liegender Grundstücke befreit und für sich betriebsfähige Bodenflächen bildet.

In den Gegenden der verkoppelten Gemeinden steigert sich die Produktion; der lebensfähige Bauern- und Mittelbesitz hebt sich von den winzigen Grundstücken ab und eignet sich zur industriellen Produktion und nützlichen Investionen. Die durch diese Zuzammenlegung gewonnenen Betriebseinheiten müssen geschützt werden. Man darf hierbei nicht an eine fideikommissartige Gebundenheit denken, sondern an ein zwangsweises Zusammenhalten der in eine wirtschaftliche Einheit verdichteten Güter — ohne Veräusserunsg- und Belastungsverbot — mit Aufrechterhaltung des freien Verkehrs und Ermöglichung der Erbfolge zugunsten eines Erben. Hierdurch wird das Ziel vollkommen erreicht.

Das Verhältnis der verschiedenen Besitzkategorien untereinander wird von FOVILLE geistreich geschildert; nehmen wir unsere Taschenuhr um 3^{50} und sehen wir der Bewegung der Zeiger aufmerksam zu. De grosse Zeiger eilt rasch von links nach oben: das ist der sich vermehrende Kleingrundbesitz. Rechts senkt sich der kleine Zeiger allmählich: das ist der abnehmende Grossgrundbesitz. Und in der

Mitte, die unbewegliche Achse, ist der unveränderliche Grundbesitz, welcher jedoch den ständigen Gegensatz zwischen den beiden Extremen ausgleicht. Beim freien Bodenverkehrssystem vollzieht sich die natürliche Entwicklung tatsächlich auf solche Weise. In Ungarn aber, wo der gebundene Grossgrundbesitz, kraft seiner verschiedenen Herkunft und rechtlichen Struktur, ausserhalb der Bewegungskurve des Besitzwechsels steht, ist die Lage anders. Der mittlere Grundbesitz nimmt ab; schnell vermehrt sich der atomisierte Besitz, und unbeweglich bleiben die sogenannten Bauern-Mittelbesitze. Die Parzellierung und die Verkoppelung üben nur in dieser Richtung ihre Wirkungen aus.

Die natürliche Voraussetzung der Entstehung eines Mittelbesitzsystems ist der ständig betriebsfähige Kleingrundbesitz. Im allgemeinen entsteht aus ihm der Mittelbesitz. Wo eine lebenskräftige Kleingrundbesitzer-Klasse Boden gefasst hat, dort wird sich nach den Gesetzen der sozialen Evolution immer eine stärkere, kapitalkräftigere und geistig höherstehende Mittelgrundbesitzer-Klasse herausbilden. Das ist der Weg der Entwicklung.

Die erschütternden Worte MENGERS, in denen er dem neuen deutschen Bürgerlichen Gesetzbuche die Interessen der Besitzlosen gegenüberhält, mögen für Ungarn lehrreich werden. Jede Klasse, jede wirtschaftliche Interessengruppe: die Landwirtschaft, die Industrie, alle finden ihren berufenen Anwalt — allein dem besitzlosen Volk wurde keine Unterstützung zuteil. Die Rechtsinstitute werden von den Fachgelehrten ausschliesslich wom Standpunkt des Industriesozialismus gewürdigt; der Boden und seine Rechtsverhältnisse bleiben im Dunkeln. In der Tat beschränkt sich die ganze soziale Kritik auf die Verhältnisse des Handels- und Industrielebens.

Die Demokratisierung des Grundeigentums ist auf zwei Wegen möglich: dem wirtschaftlich Schwachen muss entweder zum Eigentum oder zur Pacht verholfen werden.

Die »Parish council act« und »Small holdings act« sind in erster Linie auf Grund des Eigentums, in zweiter Linie auf Grund von Pachtverträgen und endlich in genossenschaftlicher Form bestrebt gewesen, den Kleinbetrieb zu vermehren.

Ob sich der Kleinbetrieb auf der Grundlage des Eigentums oder des Pachtvertrags gegenüber dem Grossbetriebe, welcher ebenfalls latifundiales Eigentum oder Pacht sein kann, aufbauen soll, ist seit den Tagen der römischen Agrarbewegungen stets eine Streitfrage geblieben.

Auf Grund des Eigentums kann der Kleinbetrieb durch Zerstückelung des Grossgrundbesitzes entstehen. Hier ist also der Grossagrarier gezwungen, dem Kleinbetriebe Platz zu geben. Dieser

Prozess kann auf den Immobilien des Ärars, der Munizipien und der Gemeinden durch Eingriff der Regierung in Gang gesetzt werden. Gegenüber Fideikommissen, ferner Immobilien der Kirche und religiösen Stiftungen fehlt natürlich diese Möglichkeit des staatlichen Eingriffs. Das richtige Verständnis, die Erkenntnis des Interessen und ihrer rechtmässigen Befriedigung wird hier den Eingriff der Staatsgewalt ersetzen. Der Staat ist ausserdem bei den letzteren, privatrechtlichen Zweckvermögen, in der Lage, diesen Prozess durch entsprechende staatliche Hilfe und Begünstigungen zu erleichtern.

Vorsicht ist hier aus verschiedenen Gründen geboten. An Stelle des Grossbetriebes kann nur dann ein produktionsfähiger Kleinbetrieb treten, wenn dieser durch Rechtseinrichtungen vor spekulativen Bestrebungen geschützt wird, wenn der Kleinbetrieb wirklich aufrechterhalten werden kann, wenn er den Interessen des Kleinbesitzertums zu dienen vermag, wenn er durch Benutzung entsprechender Kreditoperationen in die Bahnen besser entwickelter landwirtschaftlicher Produktion gelenkt werden kann, mit einem Worte: wenn das aufgeteilte Bodenkapital mit den notwendigen Investitionen in die Hände der Bauern gelangt. Die Vermehrung der Kleinbesitzerklasse ist untrennbar von ihrer Erziehung. Das Bestreben, welches sich bewusst auf Mehrproduktion richtet, muss von intensiver Investitionstätigkeit begleitet sein. Der latifundiale Betrieb ist nicht in allen Fällen schädlich, wie es viele so gern behaupten; beide Interessen sind sehr gut vereinbar. Die Kleinbesitzerklasse kann als entwicklungsfähiges Arbeitselement den Grossbetrieb ergänzen, wenn ihr Eigentum und die Möglichkeit des Eigentumserwerbs gesichert wird.

Vorsicht ist auch bei dem Vorgehen gegen kommunale, munizipale und sonstige allmendenartige Latifundien geboten. Gewisse Städte (z. B. Szeged, Debreczin) sind in ihrer ganzen wirtschaftlichen Einrichtung mit diesen Gütern verknüpft; man darf diese autonomen Wirtschaftseinheiten nicht durch ein übergangsloses Vorgehen erschüttern. Ohne privatrechtliche Begleitbestimmungen wäre die Zerstückelung oder teilweise Umwandlung des Eigentums der Grossbetriebe vollkommen zwecklos. Mindestens eine zeitweise Bindung des neuerworbenen Eigentums sollte die Stetigkeit des Betriebes sichern; durch Ausnahmebestimmungen der Erbfolge sollte man es vor den Gefahren der Erbteilung beschützen. Solche Bestimmungen wären das Vorkaufs- bzw. das Rückkaufsrecht, die Beschränkung der Hypothekarbelastung und endlich eine Art von Anerbenrecht (Substanzerbfolge). — Parallel mit der Schaffung von Kleingrundbesitzen auf Eigentumsgrundlage soll das Schaffen von Kleinpachtungen vor sich gehen. Wo der Eigentumswechsel Schwierigkeiten bietet, wo der Widerstand zu gross ist, muss der Latifundialbesitz auf dem Wege der Pacht zugänglich gemacht werden. Aber nicht nur das Latifundialeigentum, sondern auch die Pacht von Latifundien stellt ein Hindernis der Kleinpachten dar. Hier kann eine Betriebsparzellierung in Betracht kommen. Es muss ermöglicht werden, dass die Kleingrundbesitzer ohne jede Vermittlung, nur durch den eigenen Kleinbetrieb zu Grund und Boden gelangen. Neuerdings wollte man auf die Weise Abhilfe schaffen, dass man durch Banken und Kreditgenossenschaften Latifundien pachten liess, um sie dann den kleinen Leuten zur Verfügung zu stellen. Das ist aber nur eine Form, die der Annehmlichkeit des Verpächters, des Eigentümers dient, da letzterer hierbei mit dem Unternehmer, das heisst nur mit diesem in Verbindung steht. Die Vermittlung aber bleibt eigentlich bestehen. Der andere oft erörterte Lösungsversuch ist die Frage der genossenschaftlichen Pacht. Aber auch dieser führt, hauptsächlich vom Standpunkte der sozialen Interessen aus beurteilt, nicht zum Ziele. Die Genossenschaft begründet nämlich nicht nur eine Gemeinschaft der Interessen, sondern auch eine Verantwortungsgemeinschaft. Mit der Natur des Kleinbetriebes aber verträgt sich eine derartige Verknüpfung der Rechte und Pflichten nicht, da der landwirtschaftliche Kleinbetrieb nur ein individuelles Unternehmen sein kann. Es ist schon möglich, dass eine genossenschaftliche Produktion für die Genossenschaft, also für eine über den eigenen Interessen der Mitglieder stehende juristische Person, vorteilhaft ist, aber sie befriedigt keineswegs die individuellen Interessen, Vermögenerwerbsbestrebungen und gesunden spekulativen Neigungen des Kleingrundbesitzers. Die genossenschaftliche Pachtung ist also kein Ausgleichsmittel zur Behebung sozialer Misstände; die Genossenschaft kann höchstens als Verwertungsorgan in Betracht kommen, als Begleiterscheinung einer entwickelten individuellen Wirtschaftsform.

Man beruft sich gern auf die Ergebnisse der italienischen »affitanza collectiva« als Musterbilder für Landarbeiter-Genossenschaften. Aber die Produktionsweise und -mittel, die Verwertung, das Klima und leider auch die persönlichen Fähigkeiten der unteren Volksschichten sind mit den ungarischen Verhältnissen nicht in eine Reiche zu stellen. Trotz dieser verschiedenen Voraussetzungen kann nicht einmal behauptet werden, dass diese italienischen Landwirtschafts-Genossenschaften überall gute Erfolge aufzuweisen hätten. Aber auch abgesehen von alledem, lehrt uns das völlige Scheitern der sozialen Produktion der ungarischen Räteregierung, dass die Anwendung des MARXschen Programms auf die Landwirtschaft undurchführbar ist. Die stark individualistische Denkungsart des Bauern vernichtet alle diese Bestrebungen.

Deshalb ist es notwendig, an Stelle des auf Grund des heutigen Rechts bestehenden Pachtverhältnisses entweder ein neues Pachtrecht mit dinglicher Wirkung zu setzen, oder die Frage mit der Einführung des Rentengutes zu lösen, wie das durch den neuen ungarischen Gesetzentwurf über Bodenreform alternativ vorgeschlagen wird. Jedenfalls soll dieses Rechtsverhältnis, welches mit den Interessen der Grosspacht, als Betriebseinheit, in Einklang zu bringen wäre, ein solches sein, welches sich, mit Rechtswirkungen des Eigentums versehen, für ständige Investitionen eignet. Neuerdings übernehmen Banken und Kapitalistengruppen die Rolle der latifundialen Betriebsleitung. Mit grossen Kapitalseinlagen, mit zweckdienlichen Investitionen und fachmännischer Leitung sind sie bestrebt, den Grossgrundbesitz besser auszubeuten. Unbestreitbar verwandeln sich kapitalsarme, vernachlässigte Grossgrundbesitze auf diese Weise in grosse industriale Landwirtschaftsbetriebe.

Die jeweiligen Agrarreformen gestalteten bisher überall die sozialen und wirtschaftlichen Verhältnisse des betreffenden Zeitalters um.

Die königliche Macht hatte ihre Ergänzung in dem Schenkungssystem, welches besonders nach der Schlacht bei Mohács dem Grossgrundbesitz gedient hat (ACSÁDY weist 1300 Schenkungen während der Herrschaft FERDINANDS I. auf); dann vollzog sich die Umwandlung der urbarialen Arbeitsorganisation am Ende des XVIII. Jahrhunderts, die sogenannte Urbarialgesetzgebung, und endlich die Aufhebung der Leibeigenschaft; alle diese Erscheinungen stehen im Zeichen der geschichtlichen Entwicklung. Was sie als Endresultat herausgebildet haben, ist uns bereits bekannt. Doch war die Entwicklung der Bodenrechtsverhältnisse noch nie unter so entscheidendem Einflusse, wie sie es heute ist, und zwar durch die moderne kapitalistische Bewirtschaftung.

Die Leibeigenschaft hat trotz vieler ungesunder Erscheinungen eine gewisse moralische Verbindung zwischen Arbeiter und Arbeitgeber bewirkt. Bestimmte moralische Mittel dieser alten Zeit, die eine Art Interessengemeinschaft zwischen Arbeiter und Arbeitgeber gesschaffen haben, sind auch in das Zeitalter der freien Arbeit übergegangen. So kam eine Solidarität zustande durch Beteiligung an der Bebauung, durch Arbeitslöhne in Naturalien und hauptsächlich durch persönlichen Grundbesitz, mag dieser auch noch so klein sein (Wohnhaus, Garten, Gemeinforsten und -weiden). Sobald sich aber das Kapital in den Produktionsprozess einmischt, sei es in Form von latifundialem Eigentum, sei es als Pacht, werden diese ideellen und materiellen Verknüpfungen zum grössten Teil aufgehoben.

Die Pacht, als Grossbetrieb, stellt Arbeiter und Unternehmer als Klassengegner einander gegenüber. Das soll aber nicht bedeuten, dass Kapitalunternehmungen dieser Art nicht wünschenswert seien. Die Produktivität der ungarischen Landwirtschaft wird hierdurch nur gesteigert; doch muss auch für die Befriedigung der sozialen Interessen und Bestrebungen der unteren Volksschichten gesorgt verden, mag es sich um latifundialen oder um Grosspachtbetrieb handeln. Es muss der Bevölkerung ermöglicht werden, gemäss einer gesunden Entwicklung als Kleineigentümer oder als Kleinpächter neben den Grossbetrieben ihren Platz zu finden. Deshalb kann neben dem gebundenen Kleinbetrieb auf Grund von Eigentum die verstetigte Kleinpacht — entweder als dingliche Leihe[1]) oder als Rentengut — auf individueller Grundlage, mit Ausbau der individuellen Freiheit, nicht entbehrt werden.

III.

Die ungarische Regierung wollte schon vor einem Jahrzehnt die Besitzpolitik des Landes regeln, und zwar hauptsächlich den Grundbesitzverkehr in neue Bahnen lenken. So liess der Ackerbauminister Darányi ein grossangelegtes Ansiedlungs- und Parzellierungsprogramm ausarbeiten, das jedoch nicht verwirklicht werden konnte. Die ständigen Missbräuche bei den Parzellierungen einerseits und die Gefährdung des nationalen Besitzes andererseits veranlassten dann 1917 den Ackerbauminister Baron Ghillány, einen Gesetzentwurf vor den ungarischen Landtag zu bringen, welcher die staatliche Oberaufsicht und auch das Vorkaufsrecht der Regierung schon deutlich statuierte und ausserdem den immer wachsenden Grundbesitzankäufen der grossen Finanzinstitute Einhalt gebieten wollte. — Baron Ghillányi's Nachfolger Mezőssy, später Graf Serényi, hielten ebenfalls an der Notwendigkeit einer Bodenreform fest. Mit dem Namen des ersteren ist die Schaffung der »Realitätenverkehrs-

[1]) Eine Art von Erbbaurecht, doch wegen seines landwirtschaftlichen Charakters deckt sich dieser Begriff eher mit der altdeutschen dinglichen Leihe (Emphyteusis).

kommissionen«, welche während ihrer einjährigen Tätigkeitsdauer bei den Parzellierungen recht gute Dienste leisteten, auf das engste verbunden.

Die KÁROLYische Revolution und die darauf folgende Räteherrschaft haben nacheinander ihre Bodenreformpläne ausgearbeitet. Die erstere wollte das Land in Parzellen von 10 Joch (ca. 20 Morgen) zerstückeln und ein jedes Gut, dessen Grösse 200 Joch überstieg — allerdings gegen Entschädigung des Besitzers — zu diesem Zwecke enteignen. Die Kommunistenherrschaft hat in den Spuren der LENINschen Politik das Privateigentum aufgehoben und wollte die Kleinbauernklasse sowie die Grossgrundbesitzer zu »sozialer Produktion« zwingen. Der Strom von Verordnungen, welcher diese Reform zu verwirklichen hatte, ist erfolglos geblieben. Nach dem Sturze der Räteregierung war es selbstverständlich, dass die Regierung mit einem zweckdienlichen Agrarreform-Gesetzentwurf vor die Nationalversammlung treten musste.

Dieser Entwurf ist auf dem Gedanken aufgebaut, dass er die Vollziehung der Reform einer unabhängigen, über den Parteien stehenden Körperschaft anvertraut und dieser nur gewisse Richtlinien vorschreibt.

Der sich einer grossen Volkstümlichkeit erfreuende Führer der kleinen Landwirte STEFAN SZABÓ aus Nagyatád hat auf Grund des RUBINEKschen Gesetzentwurfs nun endgültig das Gesetz geschaffen, welches so manchen seiner Vorgänger im Landwirtschaftsministerium beschäftigte. Grosse Mässigung und weise Voraussicht kennzeichnen dieses Gesetz, das sich das Ziel steckt, eine möglichst gesunde Verteilung des ungarischen Landbesitzes zu ermöglichen und im Rahmen der stattfindenden Bodenverteilung den Bodenerwerb hauptsächlich denjenigen Besitzlosen zu erleichtern, die zu einer entsprechenden Bearbeitung des Bodens die notwendige Garantie geben können. (Gesetzart. XXXVI: v. 1920.)

Nach dem Bodenreformgesetz steht dem Staate zur Schaffung neuer Betriebseinheiten zu allererst das Vorkaufsrecht zu, welches von ihm bei Veräusserungen von Gütern oder Güterteilen ausgeübt werden kann. Städtischer Grundbesitz, Verkäufe zwischen Verwandten und bisherigen Miteigentümern, Kleinverkäufe bzw. Ankäufe durch Ackerbautreibende und Kriegsteilnehmer, Übertragungen auf Grund der Enteignung, Käufe der altruistischen Finanzinstitute usw. werden vor dem staatlichen Vorkaufsrecht geschützt, wobei allerdings einige wenige Ausnahmen gesetzlich statuiert sind. Das Vorkaufsrecht hat der Ackerbauminister, der dessen Ausübung der Altruistischen Bank, der Landes-Zentralgenossenschaft oder auch einer anderen unter staatlicher Oberaufsicht stehenden Organisation von Fall zu Fall überlassen kann. Die stattfindenden Verkäufe werden dem Ackerbauminister durch die Grundbuchbehörde mitgeteilt. Werden jedoch die Verkäufe vor der Grundbucheintragung des neuen Eigentumsrechtes bei der landwirtschaftlichen Unterkommission des munizipalen (provinziellen) Verwaltungsausschusses zur Kenntnisnahme angemeldet und von dieser binnen einer bestimmten Frist als solche anerkannt, so kann der staatliche Vorankauf nicht erfolgen. Gegen die Entscheidungen der Kommission steht den Interressenten eine Berufung an das »Landesgericht für Grundbesitzverteilung« zu. Über der gesamten Durchführung des Vorkaufsrechtes wie über der gesamten Reform steht als oberste Behörde dieses »Landesgericht für Grundbesitzverteilung«, eine aus hohen Beamten der Justiz, der Ministerien, der führenden landwirtschaftlichen oder Kreditorganisationen und aus hervorragenden Persönlichkeiten der ungarischen Volkswirtschaft bestehende völlig unabhängige Körperschaft, welcher somit eine grosse Macht in allen mit der Agrarreform in Verbindung stehenden Fragen übertragen wird.

Ausser durch das Vorkaufsrecht kann der Staat auch durch Ausübung des Ablösungsrechtes in den Besitz von privatem Grund und Boden gelangen. Diese Bestimmung des Gesetzes, welche die »Heiligkeit des Privateigentums« zweifellos angreift, wird in der Begründung von dem Gesetzgeber eingehend motiviert. Das Enteignungsrecht des Staates konnte bei den infolge des Krieges vollständig veränderten politischen und sozialen Verhältnissen zur wirksamen Durchführung der Besitzregulierung auch in dem ungarischen Gesetz nicht entbehrt werden. Doch trachtet der Gesetzgeber die Beeinträchtigung privaten Eigentums auf das unumgänglich notwendige Mass zu beschränken. So wird dem Staate das Enteignungsrecht nur in dem Falle zugebilligt, wenn andere Wege zur Beschaffung von Grundstücken nicht gangbar sind, wenn also Liegenschaften durch freihändigen oder Vorankauf nicht erworben werden können. Darüber hinaus verfügt das Gesetz, dass bei der Ablösung eine gewisse Reihenfolge der abzulösenden Güter eingehalten werden muss. In erster Linie kommen für die Ablösung die Kriegserwerbungen und nach diesen der Grossgrundbesitz in Betracht, estere bis zu 100% ihrer Fläche, die grossen Güter nur soweit, als sie durch die Abtrennung ihrer Teile in der Weiterführung einer rationellen Wirtschaft nicht behindert werden. Eine Ausnahme bildet hier derjenige Grundgrossbesitz, welcher im Verlaufe von 30 Jahren vor dem Kriege den Besitzer wechselte und auch in seinem ganzen Umfange ablösbar ist. — Zur Förderung der Privatinitiative und zur möglichsten Ausschaltung des an sich unerwünschten staatlichen Eingriffs kann das »Landesgericht« in den Gemeinden, in denen der Grossgrundbesitz mehr als ein Drittel der landwirtschaftlichen Fläche einnimmt, die Besitzer zur freiwilligen Abgabe und zu direkten Unterhandlungen mit den Interessenten auffordern und von dem Recht der Enteignung erst in zweiter Linie Gebrauch machen. — Mittel- und Kleinbesitze fallen grundsätzlich nicht unter die Ablösung. Ausnahmen sind auch hier statuiert.

Die berechtigten Interessen des Grundbesitzes werden selbst bei tatsächlich erfolgender Ablösung wirksam geschützt. Dieses Ziel verfolgen diejenigen Bestimmungen des Gesetzes, wonach die bisherigen Parzellierungen der Besitzer auf den Ablösungsteil anzurechnen sind, früher abgeschlossene Lieferungs- und andere Verträge für die verkleinerte Gutswirtschaft ungültig erklärt werden, die Festsetzung des Kaufpreises auf längstens zehn Jahre hinausgeschoben werden darf und wonach ferner den Besitzern das Recht eingeräumt wird, bei dem »Landesgericht« um eine Äusserung darüber anzusuchen, ob und wann der Staat sein Ablösungsrecht ausüben wird. Die Unsicherheit, die für den Besitzer durch die Durchführung der Reform zweifellos entsteht und die natürlicherweise auch produktionsvermindernd wirkt, trachtet das Gesetz durch die Beschränkung des Ablösungsrechtes auf fünf Jahre nach Inkrafttreten seiner Gültigkeit zu mildern.

Der Preis der Ablösung richtet sich nach dem jeweiligen Verkehrswert des Bodens.

Eine der bezeichnendsten Verfügungen des ungarischen Bodenreformgesetzes ist diejenige, welche bestimmt, dass in Streitfällen das »Landesgericht« darüber zu entscheiden hat, welche Grundstücke unter dem Gesichtspunkte dieses Gesetzes als Gross-, Mittel-, Klein- oder Zwerggrundstücke zu gelten haben.

Das neue ungarische Bodenreformgesetz führt die Institution des Rentengutes nach preussischem Muster ein, um auch Mittellosen den Bodenerwerb zu ermöglichen. — Das Gesetz will eine gesunde und gerechte Verteilung der Güter ausserdem noch durch eine wirksame Kontrolle aller Parzellierungen sichern und die Schaffung eines lebensfähigen Bauernstandes durch Errichtung von unteilbaren Familiengütern erreichen. Das schwierige Problem der Finanzierung soll durch Emission von Pfandbriefen und Obligationen gelöst werden, deren Durchführung staatlichen Institution, z. B. der Altruistischen Bank, übertragen werden soll; jedoch ist auch die Tätigkeit von Privatbankinstituten zulässig.

Zur Förderung der Grundbesitzverteilung wird aus den Überschüssen der Kriegsgesellschaften ein »Bodenverteilungsfonds« gegründet.

Soweit das Gesetz. Der Gedanke, auf den sich die Reform aufbaut, ist eigentlich staatssozialistischer Natur. Die Lösung der Agrarprobleme nimmt der Staat in seine Hände, und die Wege seiner Tätigkeit werden auch durch das Privateigentum nicht gehemmt. In dieser Hinsicht stütz sich die Reform auf die Traditionen des ungarischen Wirtschafts- und Rechtslebens.

Die Befreiung von Grund und Boden war am Anfang des vorigen Jahrhunderts in erster Linie ein politisches Schlagwort der liberalen Bestrebungen. Diese Forderung hat KOSSUTH erfasst und bewertet, als er 1848 die Demokratie des Bodens zum führenden Gedanken machte. Heute aber bedeutet die Agrarpolitik die Beseitigung wirtschaftlicher Gegensätze und gesellschaftlicher Ungleichheiten. Der schreiende Gegensatz zwischen politischer Freiheit und wirtschaftlicher Bedrücktheit muss beseitigt, das Gleichgewicht zwischen Besitzern und Bebauern des Bodens hergestellt werden. Da hat also der staatliche Eingriff seinen gerechtesten Platz.

Die unrichtige Besitzverteilung, eine fehlerhafte Zollpolitik, die Vernachlässigung der Bauern seitens der Regierung und der führenden gesellschaftlichen Schichten, endlich das mächtig aufspriessende Städteleben und der Industrialismus haben allmählich die ländlichen Verhältnisse untergraben. Die Auswanderung, die beschränkte Volksvermehrung, die mangelhafte Hygiene haben das Land einer Katastrophe nahegebracht. — Als allgemein europäische Erscheinung ist besonders beachtenswert, dass die in den Vorkriegsjahren ausgearbeiteten Agrarreformpläne gerade in den Staaten der Grossgrundbesitz-Systeme entstanden sind und die gleichen Ziele verfolgt haben.

Dass in Ungarn die Bestrebungen, welche auf eine gesunde Agrarpolitik gedrängt haben, den Grossgrundbesitz zum Mittelpunkt ihrer Angriffe wählten, erklärt sich aus der Besitzverteilung von Grund und Boden. Güter von 100.000 Joch in Transdanubien haben eine unhaltbare Lage geschaffen. Andererseits erfordern das Atomisieren der Parzellen, welches stets als Begleiterscheinung des latifundialen Betriebes auftritt, und das Einkindersystem, welches ein Schutzmittel des kleinen Bauernbetriebes darstellt, eine gewissenhafte Untersuchung.

Das auflösen des gebundenen Besitzsystems ist eine Forderung der fortschreitenden Demokratie. Stufenweise müssen Grossbetriebe in möglichst viele entwicklungsfähige Kleinbetriebe umgewandelt werden. Das ist eines der schwierigsten Probleme Ungarns nach dem Kriege. Denn grosse, ergiebige Produktionseinheiten aufzulösen, gewisse Grundstückskategorien, welche doch die bestehenden Produktionsfaktoren der Nation darstellen, zu zerstören, ohne dass dieses mächtige konvertierte Kapital an Grund und Boden neue Betätigung in Kleinbetrieben fände, würde die grösste Gefahr bedeuten. Wir sahen die Folgen solcher Massnahmen während der Räteherrschaft.

Andererseits aber ist es auch zweifellos, dass eben der Grossbetrieb — gleichwohl als Eigentum oder als Pacht — im eigenen Interesse gezwungen ist, dem Kleinbetrieb möglichst grosse Geltung zukommen zu lassen. Die landwirtschaftliche Arbeiterfrage ist ein drohendes Problem der Zukunft, welches nur mit kluger Vorsicht gelöst werden kann.

Man muss wieder tun, was die ungarische Grundbesitzerklasse seit der Türkenherrschaft Jahrhunderte hindurch getan hat: man muss die Arbeiter ansiedeln; den Grossbetrieb mit Arbeiterkolonien ergänzen; den Landarbeitern Boden zukommen lassen. Ein Übergang zwischen besitzlosem Proletariat und Grossgrundbesitz muss geschaffen werden. Die Arbeitermassen der Grossbetriebe sollen nicht hoffnungslos, mit bitterer Enttäuschung den Kampf ums Dasein führen, sondern im Besitze von Boden, mit der Hoffnung eines Fortschrittes sollen sie Glieder der nationalen Produktion und ein gesundes Menschenreservoir im unvergänglichen Leben der Nation darstellen.

Der Ausgang des tausendjährigen Kampfes, welcher zwischen Besitzern und Besitzlosen geführt wird, hängt immer von der Machtstellung der Kämpfenden ab. Ob der Boden in das Eigentum der kleinen Leute übergeht, oder ob dieser ihnen in Pacht oder Erbbau gegeben wird, ist dabei gleichgültig. Es ist zwar richtig, dass dem Eigentum eine grössere magische Kraft innewohnt als einem jeden Halbeigentum, doch ist die Pacht als Übergangsform immer noch besser. Die Frage der landwirtschaftlichen Produktion ist nämlich mit Einräumung von Eigentum an zugeteilten Parzellen noch nicht gelöst. Denn diese neuen Eigentümer sind den Aufgaben der Beschaffung von Geldkapital, Produktionsmitteln und Bauten nicht immer gewachsen. Für diese ist die Pacht geeigneter. Hingegen zur Ergänzung schon bestehender kleiner Betriebe ist das Eigentum zu bevorzugen.

Dem blutarmen, von den Latifundien bedrängten Bauerngut kann auf diese Weise zu einer Weide verholfen werden. Mit der

Pacht wäre so zu beginnen, dass der Grossgrundbesitz bereits eingerichtete Kleinbetriebe ansiedelt. Das ungarische Landarbeiter=wohnhaus=Gesetz dient diesem Zwecke mit geeigneten Mitteln. In der diesbezüglichen Literatur ist die meistbesprochene Frage, ob man an dem Ergebnis der französischen Revolution, an dem Prinzip der Erbgleichheit, festhalten soll. Die hundertjährige Agrar=entwicklung in Frankreich beweist klar, dass das Kleingrundbesitz=System verbunden mit Industrialisierung die Vermehrung des Volkes hemmt. Zwischen grossen gesellschaftlichen Gefahren führen die Wege, und eine jede Lösung will die Entwicklung, die Sitten und das Wirtschaftsleben des Agrarstaates in die eine oder die andere Richtung lenken. Die übermässige Gebundenheit des Bodens muss beseitigt werden. Das ist auch die kausale Folge der neueren agrarpolitischen Gesetzgebung. Nach zwei Richtungen erfolgten Wandlungen in der Agrarpolitik. Die eine ist, dass nahezu vier Millionen Katasterjoch Gemeinweiden rechtlich organisiert wurden, so dass ihre Zerstückelung, ihr Übergehen in Privateigentum, und damit ihr Verkehr verhindert wurde. Das ist eine im sozialen Interesse der Kleingrundbesitzer und Landproletarier gelegene Einrichtung; eine Form des Kollektiveigentums, welche die Ver=knüpfung des Kleinbauern mit der ländlichen Gesellschaft in der Ideenwelt des Genossenschaftsgedankens stärken will. Die andere Wandlung ist die Verkoppelung, die das Zersplittern der Güter zu verhindern bestrebt ist. Sie ist ein Mittel zur Herausbildung einer gesunden, entwicklungsfähigen Mittelgutsbesitzerklasse. Beide Reformen waren ihrem Wesen nach bestrebt, den Grundbesitz zu erhalten, aber ihr Erfolg ist unbedingt gefährdet, solange nicht alles geschehen wird, auch auf der andern Seite zur stufenweisen Liquidation des latifundialen und gebundenen Besitzsystems zu schreiten.

Vor so schweren Aufgaben muss man sich darüber im klaren sein, dass die Mitwirkung von Kapital nicht entbehrt werden kann. Eine staatliche Bank, die »Altruistische Bank«, wird — auch wenn sie ihre jetzige Kapitalkraft verzehnfacht — allein nicht imstande sein, diese grosse Aufgabe der Emanzipation ungarischen Bodens zu erfüllen. Die Herausbildung verschiedener Besitzerkategorien' dieselben zu equipieren und mit Kredit zu versehen, stellt so schwierige Aufgaben technischer, rechtlicher, finanzieller und wirtschaftlicher Natur, dass diese monopolistisch zu behandeln eine Unmöglichkeit ist. Dem wird auch das Bodenreformgesetz gerecht, indem es im allgemeinen die Tätigkeit privater Firmen zulässt.

Und zum Schluss noch eines. Die zukünftige ungarische Agrar=

politik soll nicht länger im Rahmen jener oberflächlichen Phraseologie bleiben, welche in der Zerstückelung des Grossgrundbesitzes alle Mittel der zukünftigen Politik erschöpft zu haben glaubte. Eine ganze Reihe land- und forstwirtschaftlicher Fragen harrt auf Reformatorenhände, in erster Linie der ganze Komplex der Landarbeiterfragen, Arbeiterversicherung, Krankenhilfe, Koalitions- und Vereinsrecht, Berufsausbildung und Berufsvertretung des landwirtschaftlichen Standes, sodann die grossen Fragen der Produktionshebung und -verbesserung, der Durchführung einer ganzen, von neuem Geiste erfüllten Agrarkulturgesetzgebung, worauf gegenwärtig in Deutschland ein so grosses Gewicht gelegt wird.

Der Staatssozialismus während des Krieges war nur ein notwendiges Übel, und es ist durchaus nicht sicher, ob Ungarn nicht auch ohne alle staatlichen Massregeln zur Kontingentierung der Produktion, des Verkehrs, der Verwertung und des Konsums hätte auskommen können. Die Zentrale, welche das neue Bodenreformgesetz zur Leitung des Immobilienverkehrs in Form des »Landesgerichts für Grundbesitzverteilung« schafft, ist nur ein Übergangsfaktor. Unabsehbare Gefahren bedeutet es für das Wirtschaftsleben einer Nation, wenn auf dem Kapital das Gefühl der Unsicherheit lastet, wenn Initiative und Unternehmungslust stocken.

Der Verkehr verschafft sich auf Schleichwegen Geltung, das aber ist für das Agrarproblem die grösste Gefahr. Die Avitizität, das Typische an den alten ungarischen Bodenverhältnissen, war nichts anderes als eine Beschränkung des Immobilienverkehrs zugunsten der bevorzugten Klassen. Als in den vierziger Jahren die wirtschaftliche Entwicklung intensiver wurde und die Schaffung des freien Grundbesitzsystems nur mehr eine Frage der Zeit war, wurde bei der Lösung dieses Problems die grösste Schwierigkeit dadurch verursacht, dass ein grosser Gegensatz zwischen dem anständigen Wirtschaftsverkehr und der rechtlich geschützten Gebundenheit bestand. Dieser Gegensatz war so gross, dass die Unerbittlichkeit eines SCHMERLING dazu gehörte, um daraus eine »Tabula rasa« zu machen.

Der einzige Zweck des Landesgerichts kann nur sein, dass die Besitzlosen, wenn sie produktions- und arbeitsfähig sind, durch diese Zentrale zu Bodenbesitz kommen. Den normalen Verkehr der Güter darf die Zentrale nicht hemmen, da das eine Gegenwirkung haben könnte, die grossen Schaden anrichten würde.

Das System der Agrarverwaltung muss konsequent durchdacht und auf prinzipieller Grundlage aufgebaut sein.

Eine planmässig durchdachte gesetzgeberische Aktion muss von einer humanen, alles erfassenden landwirtschaftlichen Verwaltung begleitet werden. Diese soll auch dahin wirken, dass der Vollzug des Gesetzes konsequent, systematisch und von gerechten Prinzipien geleitet werde. Es genügt nicht, eine unabhängige Körperschaft zu schaffen, man muss sie vielmehr unter der Kontrolle der Nation halten.

II.

Der G.=A. XXXVI : 1920 über die Grund=besitzreform.

Am 18. August 1920 unterbreitete der damalige Minister für Volksernährung STEFAN SZABÓ (nagyatádi), einer der Begründer der Partei der Kleinen Landwirte, der Nationalversammlung den aus 96 Paragraphen bestehenden Gesetzentwurf über die richtige Verteilung des Grundbesitzes regelnden Bestimmungen. Die Nationalversamm=lung wies den Entwurf zur gemeinsamen Vorberatung an den Acker=bau=, den Justiz=, den Verwaltungs= und an den Finanzausschuss.

Die Ausschüsse haben den Titel des Entwurfes dahin abge=ändert, dass er nicht von die richtige Verteilung, sondern die rich=tigere Verteilung des Grundbesitzes regelnden Bestimmungen handelt.

Die parlamentarische Verhandlung bewegte sich nicht in weiten Rahmen, nachdem für die Verhandlung des Entwurfes die Dringlichkeit ausgesprochen war, erfolgte schon nach einigen Tagen die einstimmige Annahme des Entwurfes zur Grundlage der Spezialdebatte.

Die einzelnen Bestimmungen des Gesetzes fassen wir in gros=sen Zügen im Folgenden zusammen. Das jetzt, wie bereits erwähnt, 101 Paragraphen umfassende Gesetz behandelt seinen Gegenstand in elf Abschnitten, deren Titel schon an sich die Bestimmung der Reform wie auch die Mittel andeuten, mit deren Hilfe dieser entsprochen werden soll. Der erste Abschnitt umschreibt den *Zweck des Gesetzes.* Der zweite enthält die Bestimmungen über das *Landesgericht für Grundbesitzregelung.* Der dritte regelt das dem Staate zukommende *Vorkaufsrecht*, der vierte das dem Staate zukom=mende *Ablösungsrecht*, in dem fünften finden wir die Bestimmun=gen über die *Übernahme* von *Pachtungen*, in dem sechsten die über *Grundstückzerstückelungen.* Der siebente Abschnitt regelt die *Rentengüter.* Der achte enthält *Schutzbestimmungen für Fami=lienstätten*, der neunte *gemischte*, der zehnte *Straf=* und schliesslich der elfte *Schlussbestimmungen.*

Der Zweck des Gesetzes.

Als Zweck des Gesetzes bezeichnet § 1 die richtigere Ge=staltung der Verteilung des ungarischen Grundbesitzes. Um das zu erreichen, fördert das Gesetz nach Tunlichkeit den Grunderwerb hauptsächlich für diejenigen, die zur sorgfältigen und zur fleissigen Bearbeitung des Bodens geeignet und geneigt sind, unter den bis=

herigen Verthältnissen jedoch ohne eigenes Verschulden nicht zu Grund und Boden zu gelangen vermochten. Die zur richtigeren Gestaltung der Verteilung des Grundbesitzes notwendigen Grundstücke erwirbt der Staat nach Tunlichkeit aus freier Hand, bei Feilbietungen oder auf Grund des im Gesetze ihm gewährleisteten Vorkaufsrechtes. Können jedoch die zu dem erwähnten Zwecke notwendigen Grundstücke dort, wo man ihrer eben im allgemeinen Interesse bedarf, auf die angedeutete Weise nicht erworben werden, so kann der Staat die notwendigen landwirtschaftlichen Grundstücke auf Grund des in dem Gesetze geregelten Ablösungsrechtes erwerben. Auf diese Weise können auch zu anderen grundbesitzpolitischen gemeinnützigen Zwecken notwendige Grundstücke erworben werden. Aus dem Gesichtspunkte der Anwendung dieses Gesetzes bilden gemeinnützige grundbesitzpolitische Zwecke besonders die Zuwendung von Land an mit der Goldenen oder mit der Silbernen Tapferkeitsmedaille ausgezeichnete Landbauer, an landbauende Kriegsinvaliden, an arbeitsfähige landbauende Kriegswitwen und an erwachsene landbauende Kriegswaisen, ferner die Errichtung landwirtschaftlicher Arbeiterhäuser, die Kräftigung von Landarbeitern, von Zwerg- und Kleingrundbesitzern durch Zuwendung von Grundbesitz, wie auch die Zuwendung von Land an öffentliche Angestellte, an ehrenvoll gediente Soldaten und an verdiente landwirtschaftliche Beamte, die Schaffung von Unterrichtszwecken dienenden Institutionen, von Gemeinweiden, wie auch schliesslich die Bildung von Mittelgrundbesitzen, die berufen sind, die fortschreitende Landwirtschaft zu leiten.

Das Gesetz will nur dem allgemeinen Interesse dienen. Es räumt daher niemandem einen persönlichen Rechtstitel auf Erlangung von Grund und Boden zu. Insoferne jedoch der Zweck des Gesetzes es gestattet und genügende Flächen zur Verfügung stehen, kann Würdigen in einer im Gesetz genau umschriebenen Reihenfolge und in bestimmtem Ausmasse Boden zugewendet werden. In erster Reihe berücksichtigt das Gesetz hier diejenigen, die durch den Krieg die Berechtigung erlangt haben, von dem Staate in irgendeiner Weise versorgt zu werden. Deshalb sollen den genannten Kategorien Hausstellen und Intravillangründe bis zu 600 Quadratklaftern zugewendet werden. Bei diesem Paragraphen ist es in der ungarischen Gesetzessammlung zum erstenmal zu verzeichnen, dass ein weibliches Mitglied der Gesetzgebung an der legislativen Tätigkeit dieser Körperschaft mit Erfolg teilgenommen hat, denn in den Punkten 2 und 3 des betreffenden Paragraphen wurde auf Antrag der Frau MARGIT SCHLACHTA die Einschränkung, der gemäss den Bestimmungen mit Bodenbesitz zu beteilenden, mit Landwirtschaft sich beschäftigenden Arbeiter und Zwergbesitzer auf männliche fallen gelassen und die Begünstigung diesen Kategorien beiderlei Geschlechtes eingeräumt. Der Paragraph gestattet ferner, dass grundbesitzlosen öffentlichen Angestellten wie auch solchen Kleingewerbetreibenden und — wie in der Spezialdebatte noch beschlossen wurde — gewerblichen Arbeitern familienweise der Erwerb von einem Katastraljoch Grundbesitz ermöglicht werde. Ohne eigenes Verschulden mit Endabfertigung oder mit Ruhegehalt entlassenen landlosen öffentlichen Angestellten und ebensolchen Berufssoldaten will das Gesetz einen zur landwirtschaftlichen Bearbeitung geeigneten Zwerg- oder Kleingrundbesitz zuwenden, der an Wert dem Endabfertigungs-, beziehungsweise dem Pensionsablösungskapital gleichkommt. Zur Förderung der Weidewirtschaft sollen Gemeinden, Kompossessorate, Weidengesellschaften oder gewesene Urbarialkommunitäten die zur Schaffung oder Ergänzung von Gemeinweiden notwendigen Flächen erhalten. Schliesslich hält das Gesetz die Förderung der Mehrproduktion und der Landwirtschaft im allgemeinen vor Augen, indem es die zur Bildung von Musterwirtschaften und Mittelgutsbesitzen notwendigen Flächen zur Verfügung stellt. In richtiger Erkenntnis der Tatsache, dass das angegebene Flächenausmass nicht immer das Erreichen des angestrebten Zweckes zu sichern vermag, kann der Staat einzelnen, und zwar in erster Reihe verdienten Kleingrundbesitzern, diplomierten Ökonomen und Wirtschaftsbeamten der wirtschaftlichen Zweckmässigkeit entsprechend auch grössere Grundstücke zukommen lassen. Diese Vorschrift gilt laut einem von der Nationalversammlung in der Spezialdebatte angenommenen Antrage für den Grundbesitz von Gemeinden, Städten, Kompossessoraten oder gewesenen Urbarialkommunitäten nur in dem Falle, wenn in der Gemarkung der Gemeinde oder Stadt kein anderer entsprechender Grundbesitz für die Zwecke des Gesetzes zu erwerben wäre. Bei allen diesen Kategorien sind unter gleichen Umständen die mit Goldenen oder Silbernen Tapferkeitsmedaillen ausgezeichneten Kriegsgedienten, ferner die Kinderreichere Familien und im allgemeinen diejenigen zu bevorzugen, die ihrem Kriegsdienste in Ehren Genüge geleistet haben.

Der Grundgedanke des Gesetzes ist, wie bereits erwähnt, die Förderung des allgemeinen Interesses, was natürlich erscheinen lässt, dass alle diejenigen, die, sei es wegen eines körperlichen oder wegen eines sittlichen Gebrechens aus dem allgemeinen Gesichtspunkte als nicht ganz verlässlich erscheinen, auch von den

Segnungen des Gesetzes ausgeschlossen werden. Der § 3 zählt denn auch diejenigen, denen auf Grund des gegenwärtigen Gesetzes ein Grundstück nicht zuzuwenden ist, in neun Punkten auf. Ausgeschlossen erscheinen demnach erstens diejenigen, die nicht von Geburt ungarische Staatsbürger sind, doch bilden hier die Fälle der Gegenseitigkeit wie auch der Fall eine Ausnahme, wenn der in das Vaterland rückwandernde wohl nicht von Geburt ungarischer Staatsbürger, aber das Kind eines solchen ist; zweitens Geisteskranke oder Geistesschwache — hier wurden in der Spezialdebatte die Kriegsinvaliden ausgenommen —, ferner diejenigen, deren Minderjährigkeit verlängert wurde oder die unter Pflegschaft stehen; drittens denen die Ausübung ihrer politischen Rechte rechtskräftig abgesprochen wurde; viertens die unter Konkurs gestanden sind oder stehen, wie auch die einen Ausgleich ausserhalb Konkurses abgeschlossen haben oder abschliessen; fünftens die durch eigenes Verschulden dem Einberufungsbefehl in die nationale Armee nicht Genüge geleistet haben oder leisten; sechstens die wegen eines Verbrechens, oder eines gegen den Staat gerichteten, oder aus Gewinnsucht begangenen Vergehens rechtskräftig verurteilt wurden, oder in Untersuchung stehen, oder aus diesem Grunde oder wegen staats- oder gesellschaftsgefährlichen Verhaltens in Verbindung mit den revolutionären Bewegungen, oder schliesslich wegen ihrer ordnungsstörenden, verschwenderischen, trunksüchtigen, unsittlichen, oder arbeitsscheuen Lebensweise der allgemeinen Ansicht nach der Grundstückzuwendung unwürdig sind; siebentens die mit den Strafbestimmungen des gegenwärtigen Gesetzes in Wiederspruch geraten; achtens dem ein ihm auf Grund des gegenwärtigen Gesetzes zugekommenes Grundstück einmal schon zurückgenommen wurde oder der — gemäss einem von den Ausschlüssen aufgenommenen Zusatze — sein Haus oder irgend ein Grundstück nachweisbar deshalb ohne Zustimmung der Behörde veräussert hat, damit ihm durch die Behörde zu einem Grundstück verholfen werden könne; schliesslich neuntens, der nicht nach dem gesetzlichen Verfahren, sondern willkürlich Boden in Besitz genommen hat. Die im Punkte 6 erwähnte Unwürdigkeit stellt die nach dem Wohnort des betreffenden zuständige landwirtschaftliche Bezirkskommission in geheimer Abstimmung fest.

Das Landesgericht für Grundbesitzregelung.

Die Nationalversammlung hat durch ihre erwähnten Erweiterungen der mit Grund und Boden zu versorgenden Kategorien gewiss mit der besten Absicht auch den Umfang des zur Verwirklichung des angestrebten Zweckes erforderlichen Grundbesitzes in nicht unbedeutender Weise erhöht. Dazu kommt noch, dass sie die Grenze, bis zu welcher die Zwerg= und Kleingrundbesitze ergänzt werden können, von 10 auf 15 Joch erhöht hat. Nehmen wir in Betracht, dass nach den in der Begründung des Entwurfs angeführten Daten zu der Ergänzung der in Rumpfungarn bestehenden 427.636 Zwergwirtschaften um je 5 auf 10 Joch 2,138.180 Katastraljoch, zu der Versorgung der 497.308 landwirtschaftlichen Arbeiter, die weder Grund= noch Hausbesitz haben, mit je 3 Katastraljoch weitere 1,491.924 Katastraljoch erforderlich sind, so ist es nicht schwer auszurechnen um wieviel mehr die Durchführung des Gesetzes jetzt erheischen wird, wo nach den Beschlüssen der Nationalversammlung die Zwergwirtschaften um weitere je 5 Joch ergänzt und nicht nur die männlichen landwirtschaftlichen Arbeiter mit Grund und Boden versorgt werden sollen. Trotzdem kann auch jetzt noch mit Recht behauptet werden, die jetzt geschaffene Reform bedeute durchaus nicht einen Kampf gegen den Grossgrundbesitz als solchen. Die Reform soll nur dort in Angriff genommen werden, wo das tatsächlich notwendig ist. Dort aber sind dem Staate alle jene Mittel zur Verfügung zu stellen, die ihn instand setzen, sein Ziel zu erreichen, die Missverhältnisse in der gegenwärtigen Verteilung des Grundbesitzes zu beseitigen, das landbauende Volk in rationeller Weise zu befriedigen und in Verbindung damit auch die Produktion zu verbessern. Das allgemeine Wohl erheischt es daher, dass die Reform nur dort, wo es wahrlich notwendig ist, vorgenommen werde, dort aber ohne Berücksichtigung persönlicher und anderer Nebeninteressen, so dass die Reform für die Allgemeinheit nur Gutes bringe. Das Gesetz konnte infolgedessen keine schroffen Normen aufstellen und musste es den mit dem Vollzug betrauten Organen überlassen, unter sorgfältiger Erwägung der Verhältnisse zu entscheiden, welcher Grundbesitz als Grossgrundbesitz zu gelten habe, wo und wieviel von diesem in Anspruch zu nehmen, welche neue Klein= und Mittelgrundbesitze zu errichten und welche Flächen in den einzelnen Gegenden hiezu verwendet werden sollen. Dieser Vollzug — sagt die Begründung mit vollem Recht — kann nicht von der Tagespolitik abhängen, nicht mit dem Wechsel der allgemeinen Stimmung ins Schwanken geraten. Deshalb sorgt das Gesetz für ein mit allen Bedingungen der Unabhängigkeit umgebenes Gericht, das innerhalb der Grenzen der menschlichen Möglichkeit mit unbedingter Autorität richtig zu beurteilen vermöge, wo und wie den Missverhältnissen in der Verteilung des Grundbesitzes abzuhelfen sei.

Als dieses Gericht ist das im zweiten Abschnitt des Gesetzes geregelte Landesgericht für Grundbesitzregelung gedacht, das in Budapest errichtet werden soll, und zwar mit einer von der jeweiligen parlamentarischen, also auch Regierungspartei unabhängigen Organisation, die es überdies sichert, dass die leitenden Männer und die Mitglieder des Gerichtes die entsprechende Eignung, die ihnen gestellte grosse und wichtige Aufgabe in richtigster Weise zu erfüllen, in vollem Masse besitzen.

Das Gericht besteht aus einem Vorsitzenden, einem zweiten Vorsitzenden, drei Senatspräsidenten und 36 Mitgliedern. Die Mitglieder des Präsidiums werden auf Vorschlag des Ministeriums, die übrigen Mitglieder des Gerichtes auf den auf Grund der weiterhin zu erwähnenden Designierung zu erfolgenden Vorschlag des Ackerbauministers vom Staatsoberhaupt ernannt. Rang, Charakter und Bezüge des Präsidenten, des Vizepräsidenten sind dieselben, wie die der gleichgestellten Funktionäre der königlich ungarischen Kurie. Von den 36 Mitgliedern designieren je acht die königlich ungarische Kurie und der königlich ungarische Verwaltungsgerichtshof in Plenarsitzungen, ferner zehn die landwirtschaftliche Landeskammer aus der Reihe ihrer Mitglieder, je eines die sogenannten altruistischen Institute, und zwar der Landesverband der ungarischen Bodenkreditinstitute, die Landeszentralkreditgenossenschaft und die Finanzinstitutszentrale, schliesslich je eines die Minister des Innern, für Ackerbau, der Landesverteidigung, der Justiz, der kleinen Landwirte, der Finanzen und für Kultus und Unterricht. Erfolgen die Designierungen durch die Kammer und durch die erwähnten Institute nicht innerhalb einer bestimmten Frist, so designiert auch diese Mitglieder für die landwirtschaftliche Kammer der Ackerbau-, für die Finanzinstitute der Finanzminister.

Das Landesgericht für Grundbesitzregelung entscheidet entweder in Plenarsitzungen oder in den Sitzungen einzelner Senate, wobei auch die Billigkeit zu berücksichtigen ist. Die einzelnen Senate sind derart zusammengesetzt, dass sich unter ihren Mitgliedern drei Richter, zwei Landwirte und je ein Vertreter der Finanzinstitute und der Ministerien befinden. Die Sitzungen sind nicht öffentlich. An den Plenarsitzungen hat jedes ordentliche Mitglied des Landesgerichtes teilzunehmen, an der Beschlussfassung der einzelnen Senate kann jedoch nur das ordentliche Mitglied teilnehmen, das Mitglied des Senates ist; für dieses ist die Teilnahme aber bindend. Ersatzmitglieder können und müssen nur in Sitzungen erscheinen, zu denen sie besonders einberufen werden. Bleibt irgendein Mitglied drei aufeinanderfolgenden Sitzungen, in denen es zu erscheinen hätte, unbegründeterweise fern, so gilt sein Platz als erledigt, was das Disziplinargericht zu konstatieren hat. Über die Besetzung solcher Stellen ist sofort entsprechend zu verfügen.

Auf Ersuchen des Präsidenten oder des ihn stellvertretenden zweiten Präsidenten hat jeder Minister sich in den Sitzungen vertreten zu lassen und zu den Sitzungen Fachorgane zu entsenden. Das Gesetz enthält sodann noch in diesem Abschnitte Bestimmungen über die Natur der vor das Landesgericht gehörenden Angelegenheiten, über das Verhältnis des Gerichtes zu dem Ackerbauminister, über die Bestellung des Konzepts- und des Hilfspersonals, wobei die grösste Sparsamkeit vor Augen gehalten wird.

Das staatliche Vorkaufsrecht.

Durch die Schaffung des Gesetzes wollten Regierung und Nationalversammlung den seit lange gehegten Wunsch der Erfüllung zuführen, dass dem in den meisten Gegenden des Landes herrschenden Missverhältnisse zwischen Gross- und Kleingrundbesitz wie auch dem Mangel von Grundbesitz für die zum Landbau berufenen Elemente ein Ende gemacht werde. Der Staat soll zu diesem Zwecke in die Lage versetzt werden, landlosen berechtigten Personen zu ihre Existenz sicherndem Grund und Boden zu verhelfen, andererseits aber die Ausgestaltung von Zwerg- und von Kleingrundbesitzen zu Mittelgrundbesitzen zu ermöglichen. Wir haben bereits kurz erwähnt, welche grossen Ansprüche die Erfüllung dieser Aufgabe an den Staat stellt, so dass es kaum denkbar ist, dass er die notwendigen Flächen durch freihändigen und feilbietungsweisen Kauf zu erwerben vermöge, welche Erwerbsarten das Gesetz in erster Reihe in Aussicht nimmt, um auch dadurch zu beweisen, dass es das Privateigentum nach Tunlichkeit zu schonen bestrebt ist. Von diesem Standpunkte geht das Gesetz auch in der Schaffung der weiteren Mittel vor, die dem Staate die Möglichkeit bieten sollen, die für den Zweck des Gesetzes erforderlichen Flächen zu erwerben. Das erste dieser Mittel ist das dem Staate zukommende und im dritten Abschnitt geregelte *Vorkaufsrecht*, das dem Gesetze nach der Staat bei jeder Veräusserung eines landwirtschaftlichen Grundstückes auszuüben berechtigt ist. Da dieses Recht eben schon kraft des Gesetzes wirksam ist, so erscheint auch seine grundbücherliche Eintragung überflüssig und gilt es auch ohne diese gegenüber jedermann. Dennoch hebt das Gesetz, um Missdeutungen und Irrtümern vorzubeugen, noch ausdrücklich hervor, dass es selbst gegenüber den auf Grund eines Vertrages zum Vorkauf Berechtigten Wirksamkeit hat.

Die Sicherung des Vorkaufsrechtes für den Staat ist bei uns nicht neu. Es besteht schon seit dem 1. November 1917, in welcher Zeit durch auf Grund der Kriegsgesetze herausgegebene Ausnahmeverordnungen für jedes in Verkehr gelangende landwirtschaftliche Grundstück das Vorkaufsrecht des Staates eingeführt wurde. Die erste einschlägige Regierungsverordnung war auf Grund der von dem damaligen Ackerbauminister Béla Mezőssy ausgearbeiteten Verordnung in der Zeit vom 1. November 1917 bis 15. November 1918 in Geltung. In erster Instanz hatten demnach in den einschlägigen Fragen die Ministerialexposituren und die landwirtschaftlichen Subkommissionen der Komitatsverwaltungsausschüsse, in wichtigeren Fällen die Landes-, beziehungsweise die siebenbürgische Kommission für Immobilienverkehr und in letzter Instanz der Ackerbauminister zu entscheiden. Nach der Károlyischen Revolution regelte Barnabas Buza den Immobilienverkehr durch eine neue Verordnung, die in der Zeit vom 15. November 1918 bis 21. März, beziehungsweise dann vom 7. August bis 16. November 1919 in Kraft war. Laut dieser Verordnung war eine Bewilligung nur bei Grundstücken von mehr als 100 bis zu 500 Joch erforderlich, wenn die erwerbende Partei kein Landbauer oder Landwirt war. Grundstücke über 500 Joch waren immer vorher dem Ackerbauminister anzubieten. Das Verfahren gehörte in den Wirkungskreis der Grundbuchsbehörde und des Ackerbauministers. Seit 16. November 1919 besteht die gegenwärtig geltende Immobilienverkehrsverordnung in Kraft, die das Vorkaufsrecht des Staates für Grundbesitze über 100 Katastraljoch statuiert.

Auch während dieser verhältnismässig kurzen Zeit gelang es, Dank den erwähnten Verordnungen, die Grenzen zahlreicher Gemeinden zu vergrössern, Zwerg- und Kleingrundbesitze zu erweitern, den landlosen kleinere Parzellen oder Hausstellen zukommen zu lassen. Der Staat liess in dieser Zeit 6201 Katastraljoch 1353 Quadratklafter parzellieren und erwarb als Eigentum 11.274 Katastraljoch 754 Quadratklafter, die infolge der Revolutionen und der feindlichen Besetzungen nicht mehr parzelliert werden konnten. Alle diese Geschäfte hat die altruistische Bank (Landesverband der ungarischen Bodenkreditinstitute) abgewickelt, die durch den Staat noch für weitere 20.047 Katastraljoch 554 Quadratklafter als Käufer bezeichnet wurde, deren grundbücherliches Eigentum sie infolge der erwähnten Umstände ebenfalls nicht mehr zu erwerben vermochte. Alle diese Erwerbungen konnten ohne gewaltsame Einmengung bei Grundbesitzen erfolgen, deren Eigentümer ihren Besitz aus freiem Willen zur Veräusserung brachten, bei denen daher die Verkäufer durchaus keinen Nachteil dadurch erlitten haben, dass andere als Käufer bestimmt wurden, während sie alldas erhalten, was sie in ihren freiwillig abgeschlossenen Verträgen sich bedungen haben. Mit Recht kann vorausgesetzt werden, dass auf Grund des dem Staate nun gesetzlich gesicherten Vorkaufsrechtes nach Eintritt normaler Verhältnisse viel grössere Erfolge zu erzielen sein werden. Diese Erwartung erscheint umso mehr begründet, wenn wir in Betracht ziehen, dass in den Jahren 1906 bis 1910 alljährlich durchschnittlich 593.643, in dem zum Teil schon als Kriegsjahr zu betrachtenden Jahre 1914 aber 438.595 Besitzwechsel vorgekommen sind. Erfüllt sich nun die Erwartung, dass selbst in dem heutigen verkleinerten Ungarn hier kein Rückfall zu verzeichnen sein wird, so wird der Staat sicherlich in die Lage versetzt werden, schon bei normalem Immobilienverkehr einen grossen Teil der erforderlichen Grundstücke auf Grund seines Vorkaufsrechtes zu erwerben und zu bodenbesitzpolitischen Zwecken zu verwenden.

Ausnahmen.

Um jedoch nicht über das Ziel zu schiessen und nicht unnützerweise Interessen einzelner zu verletzen, bestimmt das Gesetz mehrere Kategorien von Grundstücken, bei denen das Vorkaufsrecht nicht auszuüben ist. Das ist der Fall, wenn das Grundstück in dem *Intravillan* einer Gemeinde oder einer Stadt liegt, wenn eine der Parteien der Landesverband der ungarischen Bodenkreditinstitute oder die Landeszentralkreditgenossenschaft ist, wenn zwischen der veräussernden und der erwerbenden Partei Verwandtschaft oder Schwägerschaft in gewissem Grade besteht, wie auch wenn die erwerbende Partei, um eine Gemeinsamkeit aufzuheben, den Anteil ihres Miterben oder ihres Miteigentümers wie auch des Miterben oder Miteigentümers ihres Ehegenossen erwirbt; wenn ferner das erworbene Grundstück mit sonstigen landwirtschaftlichen Grundstücken der erwerbenden Partei zusammen 50 Katastraljoch nicht übersteigt und die erwerbende Partei Landbauer, Wirtschaftsbeamter, diplomierter oder berufsmässiger Landwirt, Kriegsinvalider, öffentlicher Angestellter, Berufssoldat, Ehegefährte, Witwe oder Waise einer der erwähnten Personen ist, wenn die erwerbende Partei ein 50 Joch nicht übersteigendes Grundstück zurückkauft, das sein Eigentum oder Eigentum eines mit ihm in dem oberwähnten Verwandschafts- oder Schwägerschaftsverhältnis stehenden Familienmitgliedes war, wenn die Veräusserung in Durchführung einer Grundstückzerstückelung erfolgt, deren Plan durch das zuständige Organ genehmigt wurde und schliesslich wenn es auf Grund des

Enteignungsrechtes erworben wird. Die ersterwähnte Ausnahme gilt jedoch nicht, wenn das Grundstück zu Zwecken einer Hausstelle oder eines öffentlichen Platzes erworben werden soll.

Die Ausübung des Vorkaufsrechtes.

Um die Ausübung des staatlichen Vorkaufsrechtes zu ermöglichen, hat die Grundbuchsbehörde den Ackerbauminister und die Gemeindevorstehung zu verständigen, sobald ein Gesuch um grundbücherliche Eintragung des Eigentumsrechtes auf ein dem Vorkaufsrechte unterliegendes Grundstück eingereicht wird. Diese Bestimmung findet keine Anwendung, wenn das Rechtsgeschäft noch vor dem Inslebentreten des gegenwärtigen Gesetzes entstanden ist und zur Gebührenbemessung in derselben Zeit bereits vorgelegt wurde. Will der Vorkaufsberechtigte sein Recht ausüben, noch bevor die Eintragung des Eigentumsrechtes angesucht wurde, so kann er die beteiligten Parteien zur Vorlage des zwischen ihnen zustande gekommen Rechtsgeschäftes auffordern. Legen die Parteien die Urkunde in der anberaumten Frist nicht vor, so kann die Grundbuchsbehörde sie auf Antrag des Vorkaufsberechtigten im Notfalle unter Eid über den Inhalt des Rechtsgeschäftes verhören, in welchem Falle die Urkunde durch die zu Protokoll genommene Erklärung der Parteien ersetzt wird.

Im Namen des Staates übt das Vorkaufrecht mit Zustimmung des Landesgerichtes für Grundbesitzregelung der Ackerbauminister aus, jedoch kann er mit Zustimmung dieses Gerichtes die Ausübung des Rechtes von Fall zu Fall einem der erwähnten zwei altruistischen Institute, wie auch einer andern unter entsprechender Kontrolle stehenden Organisation überlassen. Der Ackerbauminister kann mit Zustimmung des Landesgerichtes auch von Fall zu Fall auf die Ausübung des Vorkaufsrechtes verzichten, doch sind vorher die Vorstehungen der Gemeinde und der Nachbargemeinden, wie auch die Beteiligten zu hören. Im Falle eines Verzichtes hat die Ausübung des Vorkaufsrechtes nicht statt, doch ist ein Verzicht nur für ein bestimmtes Kaufanbot oder für einen schon abgeschlossenen Kaufvertrag wirksam.

Das Vorkaufsrecht kann von dem Zeitpunkte an ausgeübt werden, in dem das Rechtsgeschäft über die Veräusserung des Grundstückes zustande gekommen ist, und zwar bis nach Ablauf von dreissig Tagen nach der Entgegennahme der Verständigung über das Einlangen des Grundbuchsgesuches. Diese dreissigtägige Frist kann das Landesgericht im öffentlichen Interesse für Grossgrundbesitze um weitere dreissig Tage verlängern. Werden durch ein und dasselbe Rechtsgeschäft auch Grundstücke oder Fahrnisse übertragen, die gemäss dem gegenwärtigen Gesetz sonst nicht dem Vorkaufsrecht unterliegen, und die — wie auf Grund eines Beschlusses der Ausschüsse noch hinzugefügt wurde — nach Feststellung des Landesgerichtes mit einander nicht in einem so engen Zusammenhange sind, dass seine Aufhebung eine wesentliche Wertverminderung herbeiführen würde, so hängt es von der Wahl des Vorkaufsberechtigten ab, ob er sein Recht auf alle Objekte des Geschäftes ausüben will oder nicht. Im letzterwähnten Falle kann die erwerbende Partei bezüglich der Objekte, auf die das Vorkaufsrecht nicht ausgeübt werden soll, innerhalb dreissig Tage vom Rechtsgeschäft zurücktreten.

Der Vorkauf kommt durch die an die veräussernde Partei gerichtete Erklärung des Vorkaufsberechtigten zustande, dass er von seinem Rechte Gebrauch mache, und zwar unter den Bedingungen, die der ursprüngliche Vertrag über die Veräusserung enthält. Massgebend ist hier der Inhalt der der Grundbuchsbehörde vorgelegten Urkunde, es sei denn, es wird erwiesen, dass die Parteien in Wahrheit andere, weniger schwere Bedingungen vereinbart haben. Scheint der in dem ursprünglichen Vertrag bedungene Gegenwert grösser als der wirkliche Wert, so kann der Vorkaufsberechtigte der veräussernden Partei in der für den Vorkauf offenen Frist ein entsprechendes anderes Kaufanbot machen. Will der Veräusserer dieses Anbot nicht annehmen, so kann er innerhalb dreissig Tage dem Landesgerichte für Grundbesitzregelung anmelden, dass er von der Veräusserung des Grundstückes zurücktritt, oder er kann unter Vorstreckung der Kosten die Feststellung des Wertes des Grundstückes durch ein gemischtes Gericht beantragen. In dem letzterwähnten Falle kann er innerhalb fünfzehn Tage nach dem Erwachsen der Wertbestimmung in Rechtskraft noch immer von dem Rechtsgeschäft zurücktreten. Tut er das nicht, so gilt das Anbot, beziehungsweise die Wertbestimmung als angenommen.

Gegenüber dem Vorkaufsberechtigten sind alle Vertragsbedingungen unwirksam, die die Geltung des Vertrages von der Nichtausübung des Vorkaufsrechtes abhängig machen, oder für den Fall seiner Ausübung den Rücktritt sichern. Verpflichtet der Vertrag auch zu Nebenleistungen, die der Staat oder der zur Ausübung des Vorkaufsrechtes bestimmte nicht zu erfüllen vermag, so ist das durch die Nebenleistung zu befriedigende Interesse durch einen entsprechenden Geldbetrag auszugleichen. Wäre jedoch der Vertrag auch ohne diese Gegenleistung zustande gekommen, so gilt die bezügliche Bedingung als nicht bestehend. Das ist auch der Fall, wenn die Gegenleistung in Geld nicht zu schätzen ist oder den Zwecken des gegenwärtigen Gesetzes widerspricht. In dieser Frage entscheidet die landwirtschaftliche Subkommission des zuständigen Verwaltungsausschusses, gegen deren Entscheidung an das Landesgericht Berufung statthat. Die zur Sicherstellung der Erfüllung der hier erwähnten Nebenleistungen bedungenen Reugelder oder Pönale sind bei Ausübung des Vorkaufsrechtes unwirksam.

Das Vorkaufsrecht ist nicht auszuüben, wenn das Rechtsgeschäft vor grundbücherlicher Eintragung des Eigentumsrechtes der landwirtschaftlichen Subkommission des Verwaltungsausschusses behufs Zurkenntnisnahme vorgelegt wird und die Subkommission die Zurkenntnisnahme nicht rechtskräftig verweigert. Das Gesetz regelt eingehend das hier zu befolgende Verfahren, wobei es der Subkommission zur Pflicht macht, mindestens je zweiwöchentlich einmal eine ordentliche Sitzung abzuhalten.

Die hier angeführten Bestimmungen über den Vorkauf finden entsprechende Anwendung im Falle von Tausch, Schenkung, Feilbietung oder von Verwertung im Konkurs. Der Wert des Grundstückes ist im Falle von Tausch oder Schenkung nach den Bestimmungen für den Ablösungspreis festzustellen. Will der Vorkaufsberechtigte bei Tausch sein Recht nicht auf alle den Gegenstand des Tausches bildende Objekte ausüben, so können die Parteien innerhalb dreissig Tage von dem Tausch zurücktreten.

Das staatliche Ablösungsrecht.

Bei Anwendung der bisher erörterten Mittel zur Erwerbung der notwendigen Grundbesitze ist es noch immer möglich, das Privateigentum in vollem Masse zu achten. Das Gesetz geht jedoch im seiner Vorsorge für die Herbeischaffung der Mittel zur Verwirklichung des angestrebten Zweckes noch weiter und denkt auch an die Möglichkeit, dass es dem Staate nicht gelingen werde, durch Kauf, sei es aus freier Hand, sei es bei Feilbietungen, und durch Ausübung des ihm durch das Gesetz eingeräumten Vorkaufsrechtes in die Lage zu kommen, alle an ihn zu stellenden berechtigten Ansprüche zu befriedigen.

Das Gesetz glaubt, den allfälligen Rest der notwendigen Grundbesitze dem Staat nur dadurch beschaffen zu können, wenn es ihn auch berechtigt, dort, wo die für gemeinnützig grundbesitzpolitische Zwecke notwendigen Grundbesitze mit Hilfe der bischer angeführten Mittel dort, wo sie eben im öffentlichen Interesse bedurft werden, nicht zu erwerben sind, die notwendigen landwirtschaftlichen Grundbesitze durch die in dem Gesetz geregelte *Ablösung* in der ebenfalls im Gesetze festgestellten Reihenfolge zu erwerben. Aber auch hier trachtet das Gesetz nach immer die Interessen des Privateigentums nach Tunlichkeit zu berücksichtigen, was eben bei der erwähnten Bestimmung der Reihenfolge in auffälliger Weise zum Ausdruck kommt.

In erster Reihe werden hier dem Staate die sogenannten Kriegsgewintergüter zur Verfügung gestellt, indem er ermächtigt wird, diejenigen landwirtschaftlichen Grundstücke — eventuell auch dem ganzen Umfange nach — zu erwerben, die durch ein Rechtsgeschäft zwischen Lebenden oder bei Feilbietungen in der Zeit zwischen dem 28 Juli 1914 und dem Tage des Inslebentretens des gegenwärtigen Gesetzes veräussert wurden. Auf dieser Grundlage wollte auch schon Ackerbauminister Baron Ghillány die Frage der Bodenreform lösen. Die nun in dem Gesetze erteilte Ermächtigung gilt ferner für Grundbesitze, die Eigentum eines zur öffentlichen Rechnungslegung verpflichteten Unternehmens oder Vereines bilden, oder deren Eigentümer wegen eines gegen den Staat gerichteten Verbrechens oder Vergehens oder als Soldat wegen Fahnenflucht rechtskräftig verurteilt wurde.

Ausnahmen.

Doch gestattet das Gesetz auch bei den hier angeführten Grundbesitzkategorien noch gewisse die Bestimmung selbst wesentlich mildernde Ausnahme. Als solche gelten zumeist, die auch die Ausübung des Vorkaufsrechtes hindernden Umstände. Weitere Ausnahmen gelten noch für Grundstücke, die wohl während der Dauer des Krieges, aber vor dem 31. Oktober 1918 erworben wurden, wenn sie mit einem anderen landwirtschaftlichen Grundstück der erwerbenden Partei zusammen 100 Katastraljoch nicht übersteigen und der Erwerber einer der in der einschlägigen Bestimmung über das Vorkaufsrecht angeführten Kategorien angehört. Aber auch wenn die erwähnten Grundstücke zusammen 100 Joch übersteigen, kann von dieser Errungenschaft nur so viel abgelöst werden, um wieviel das Gesamtausmass 100 Joch übersteigt. Eine Ablösung hat ferner nich statt auf während des Krieges erworbene Zwerg- und Kleingrundbesitze, wenn sie von einer Person erworben sind, der sonst auf Grund des gegenwärtigen Gesetzes Landbesitz hätte zugewendet werden können, so auch wenn das Grundstück nicht aus Gewinnsucht, sondern zu Zwecken weiterer Bewirtschaftung an Stelle eines anderen landwirtschaftlichen Grundstückes erworben wurde, das auf Grund des Gesetzes sonst nicht hätte abgelöst werden können, oder wennn die erwerbende Partei ein ihr oder das Eigentum bestimmter Verwandter bildendes Grundstück zurückkauft. Die Befreiung von der Ablösung gilt jedoch in diesen Fällen nur für die den alten Grundbesitz an Ausdehnung nicht übersteigende Fläche und nur in dem Falle, wenn die erwerbende Partei kein anderes auf Grund des Gesetzes der Ablösung unterliegendes Grundstück besitzt, schliesslich wenn das Grundstück auf Grund eines vor dem 28. Juli 1914 grundbücherlich eingetragenen Vorkaufsrechtes gekauft wnrde und 100 Joch nicht übersteigt. Eine weitere Ausnahme bezweckt die Ermöglichung der rationellen Forstwirtschaft. Doch auch diese Ausnahmen müssen sich wieder Ausnahmen gefallen lassen, indem das Gesetz auch für Intravillangründe die Ablösung zulässt, wenn sie nicht Wohnplätze oder andere bebaute Plätze sind und auch bei Rechtsgeschäften zwischen Verwandten oder Schwägern, wenn der Rechtsvorgänger des Veräusserers das Grundstück erst nach dem 28.-Juli 1914, und zwar von einer Partei erworben hat, die mit ihm nicht im einem der erwähnten Verwandschafts- oder Schwägerschaftsverhältnisse steht. Die Ausübung des Ablösungsrechtes wird auch dadurch nicht gehindert, wenn ein in der angeführten kritischen Zeit erworbenes Grundstück infolge Ablebens des Erwerbers mittlerweile auf einen Rechtsnachfolger übergegangen ist. Als Veräusserung des Grundstückes gilt aus dem Gesichtspunkte der Anwendung der jetzt angeführten Bestimmungen auch, wenn der Eigentümer das Grundstück nach Fesstellung des Landesgerichtes für Grundbesitzregelung offenkundig, um die Erwerbung für den Staat zu verhindern, wohl nicht ausdrücklich auf einen dritten überträgt, diesem aber auf die Verwaltung, auf die Verwendung des Ertrages einen dem Rechtkreis des Eigentümers gleichkommenden Einflus gestattet.

Ablösung von Grossgrundbesitzen.

Bisher war das Gesetz darauf bedacht, den Grossgrundbesitz gegen einen ungestümen Eingriff zu schützen, weil es von der Überzeugung ausgeth, dass das Bestehen der Grossgrundbesitze, namentlich aus dem Gesichtspunkte der Volksernährung, eine unabweisbare Forderung, von öffentlichem Interesse ist. Trotzdem vormag es vor den Schranken des Grossgrundbesitzes bei der Ausübung des Ablösungsrechtes nicht mehr haltzumachen und so ermächtigt es den Staat, von dem für landwirtschaftliche Kultur geeigneten Boden irgend eines Grossgrundbesitzes durch Ablösung so viel zu erwerben, als nach Feststellung des Landesgerichtes ablösbar ist, ohne dass dadurch auf den nicht abgelösten Teilen des Grossgrundbesitzes die seinem Betriebe entsprechende rationelle Wirtschaft gehemmt wird. Doch können Grossgrundbesitze auch dem ganzen Umfange nach abgelöst werden, wenn sie innerhalb fünfzig Jahre vor dem 28. Juli 1914, wenn auch nur ein einzigesmal unter Umständen den Herrn gewechselt haben, wegen deren gemäss dem gegenwärtigen Gesetz auch das Vorkaufsrecht hätte ausgeübt werden können, wobei aber dem Landesgericht ans Herz gelegt wird, diese Verfügung nur im Notfalle und nur dann zu treffen, wenn der Eigentümer des Grossgrundbesitzes anderwärts einen entsprechenden Komplex besitzt und wenn nicht beachtenswerte Gründe dafür sprechen, dass ihm eine entsprechend grosse Fläche belassen werde. Dabei wird auf Grund eines Beschlusses der vereinigten Ausschüsse auch in dem vorliegenden Fall das Ablösungsrecht insoweit eingeschränkt, dass es nur dann auszuüben ist, wenn die zu den grundbesitzpolitischen Zwecken notwendigen landwirtschaftlichen Grundstücke weder dort, wo ihrer eben im öffentlichen Interesse bedurft würde, noch in der Nachbarschaft auf andere Weise zu erwerben sind. Das Landesgericht kann in Fällen, in denen die eben erörterte Bestimmung zur Anwendung gelangen könnte, nach Anhören der Gemeindevorstehung und des betreffenden Besitzers auch ohne Durchführung des Ablösungverfahrens je nach Bedarf auch in Vorhinein bestimmen, wieviel der Staat von der zur landwirtschaftlichen Kultur geeigneten Fläche eines Grossgrundbesitzes durch Ablösung zu erwerben wünscht. Dieses Vorgehen ist insbesondere in Gemeinden zu befolgen, von deren zur landwirtschaftlichen Kultur geeigneten Gemarkung der Grossgrundbesitz mehr als ein Drittel okkupiert. Auf Grund der vorhergehenden Bestimmung ermöglicht das Gericht dem betreffenden Grossgrundbesitzer, zu den in dem Gesetze bestimmten Zwecken gewisse Flächen privat zu veräussern.

Befreiung der Mittel- und Kleingrundbesitze.

Da der Zweck des Gesetzes auch die Schaffung oder Ergänzung von Mittel- oder Kleingrundbesitzen ist, so ist es nur natürlich, dass es die bestehenden Grundbesitze dieser Kategorie in der Regel von der Ablösung gänzlich befreit. Ausnahmsweise kann jedoch das Landesgericht gestatten, dass der Staat auch landwirtschaftliche Mittel- oder Kleingrundbesitze zum Teil oder zur Gänze ablöse, wenn sie zu den Zwecken des Gesetzes unbedingt notwendig sind, vorausgesetzt, dass der Besitz gebunden ist oder innerhalb fünfzig Jahre vor dem 28. Juli 1914, wenn auch nur einmal, unter den erwähnten Umständen den Herrn gewechselt hat. Aber auch bei Vorhandensein aller dieser Bedingungen ist die Ablösung von Mittel= oder Kleingrundbesitzen nur dann zu gestatten, wenn geeignete Felder auch von einem entfernter gelegenen Grossgrundbesitz nicht zu erwerben wären und wenn die Umstände auch eine Abhilfe durch Siedelung unmöglich machen. Unbedingt ist aber die Ablösung ausgeschlossen, wenn der Eigentümer einer der wiederholt erwähnten Kategorien angehört, deren Versorgung mit Grund und Boden das Gesetz eben fördern soll. Alle diese Einschränkungen entfallen jedoch, wenn es sich um die Erwerbung zu Zwecken von Haus=stellen handelt und die Befriedigung der dringenden Wohnungsnot in anderer Weise nicht möglich ist. Hausstellen sind jedoch auf Grund dieser Bestimmung nur Familienoberhäuptern zuzuwenden, die weder ein Haus noch ein zum Hausbau geeignetes Grundstück besitzen und ein solches auch von Angehörigen nicht zu erwarten haben, die ortszuständig sind oder in der Gemeinde wenigstens seit zehn Jahren dauernd wohnen und einen dauernden und anstän=digen Erwerb haben. Wird derart das Grundstück eines Besitzers ganz oder zum Teil abgelöst, dessen landwirtschaftlicher Gesamt=grundbesitz den Umfang des Mittel= oder Kleingrundbesitzes nicht übersteigt, so ist ihm dafür auf Wunsch in tunlicher Nähe der Gemeinde ein anderes Grundstück von entsprechendem Wert in Tausch zu geben.

Weitere Ausnahmen.

Das Recht der Ablösung ist ohne Einwilligung des Eigentümers auf einen Teil des Grundstückes nur dann auszuüben, wenn auf dem zurückbleibenden Teil der Wirtschaftsbetrieb mit Verwendung der Wirtschaftsgebäude und der Instruktionen rationell fortgeführt werden kann. Konstatiert auf Antrag des Eigentümers das Landes=gericht, dass diese Möglichkeit nicht besteht, so hat die Ablösung nur dan statt, wenn der Staat alle Immobilien gänzlich ablöst, die, nach Festsellung des Landesgerichtes, von den übrigen abgetrennt, zur Fortführung des Wirtschaftsbetriebes nicht geeignet sind, oder wenn der Staat einen entsprechenden anderen Grundbesitz in Tausch gibt. Auf Antrag des Eigentümers, von dessen Grundstück auch nur ein Teil abgelöst wird, kann das Landesgericht auch für den nicht abgelösten Teil alle Produktions=, Lieferungs=, Leistungs=, oder ähnliche Verträge, die der Eigentümer für den ganzen Grund=besitz abgeschlossen hat, für unwirksam erklären. Das Landesgericht kann Klein= oder Mittelgrundbesitzen aus anderen für den Staat abgelösten Feldern eine entsprechende Fläche zukommen lassen, wenn der betreffende Eigentümer zu den wiederholt erwähnten Kategorien gehört.

Das Gesetz gestattet, dass mit Rücksicht auf gewisse Spezialkulturen wie auch zur Förderung bestimmter öffentlicher Interessen (sowie wissenschaftlicher, kultureller, Wohltätigkeits-, balneologischer, industrieller Zwecke u. s. w.) von der Ablösung abgesehen werde. Das gilt auch, wenn es sich um die zum allgemeinen Verbrauch notwendige Milch handelt, die anderweitig nicht zu sichern wäre. Den Umständen entsprechend kann hier auch nur ein Aufschub der Ablösung stattfinden, die statt hat, sobald der Gutsbesitzer seiner Lieferungspflicht aus eigenem Verschulden nicht entspricht. Von der Ablösung kann ferner abgesehen werden, wenn der abzulösende Teil des Grundstückes für den Nachkommen des Eigentümers, der eine landwirtschaftliche Schule absolviert hat, zum Betreiben der entsprechenden Wirtschaft notwendig ist und sie anderwärts keinen entsprechenden Grundbesitz haben. Die Gemeinweide von Gemeinden, Städten, Kompossessoraten oder gewesener Urbarialkommunitäten sind insoweit ablösbar, als dadurch die Entwicklung der Viehzucht und der Wirtschaft nicht gehemmt wird.

Die Reihenfolge.

Das Gesetz bestimmt die Grenzen der verschiedenen Besitzkategorien nicht, sondern überlässt es dem Landesgerichte, nach Anhören der Beteiligten endgiltig zu bestimmen, welches Grundstück aus dem Gesichtspunkte des gegenwärtigen Gesetzes in einzelnen Fällen als Gross-, Mittel-, Klein- und als Zwergbesitz zu gelten hat und infolgedessen auch, ob das Ablösungsrecht auszuüben ist, und zwar auf einen wie grossen Teil des Besitzes und zu wessen Gunsten. Immerhin bezeichnet schon das Gesetz jeden den Kleingrundbesitz übersteigenden selbständigen Wirtschaftsbetrieb, den der Besitzer ohne Verwendung eines leitenden Sachverständigen zu führen vermag, als Mittelgrundbesitz. Um der Ungewissheit, die in der Frage der Ablösung zum Nachteile der Besitzer, aber auch der Allgemeinheit platzgreifen kann, ein Ende zu machen, bestimmt das Gesetz, dass die Ablösung nur innerhalb fünf Jahre, von dem Inslebentreten des gegenwärtigen Gesetzes an gerechnet, beschlossen werden kann. Diese Frist zählt für zurückerworbene besetzte Gebiete von dem Zeitpunkte an, in dem die Besetzung aufhört. Nach Tunlichkeit sind Grossgrundbesitze von kleinerem Umfang zu schonen, solange der Bedarf an Grund und Boden aus Grossgrundbesitzen grösseren Umfanges erworben werden kann. Ohne Rücksicht auf den Umfang sind jedoch nach Tunlichkeit früher abzulösen Grundstücke, deren Eigentümer wegen Geisteskrankheit oder wegen anderer schwerer Gebrechen unter

Pflegschaft stehen und keine gesunde Nachkommen haben, ferner Grundstücke, die durch ein Rechtsgeschäft unter Lebenden oder durch Feilbietung in der Zeit von fünfzig Jahren vor dem 28. Juli 1914 bis zum Inslebentreten des gegenwärtigen Gesetzes, wenn auch nur ein einzigesmal, unter Umständen den Herrn gewechselt haben, wegen deren auf Grund des gegenwärtigen Gesetzes der Vorkauf statthätte; deren Eigentümer während des grösseren Teiles des Jahres sich nicht auf dem Gebiete des Landes aufhalten, es sei denn, dass das infolge amtlicher Betrauung oder Krankheit oder zu Studienzwecken geschieht; Grundstücke, deren Bearbeitung den Forderungen der rationellen Wirtschaft weniger entspricht, deren Eigentümer anderwärts einen zur landwirtschaftlichen Bearbeitung oder Kultur geeigneten Grundbesitz und nicht so viele Kinder als selbständige Wirtschaftseinheiten bildende Grundbesitze haben; deren Eigentümer, obwohl sie nicht mehr minderjährig sind, ohne wichtigen Grund nicht selbst wirtschaften und schliesslich, deren Eigentümer keinen gesetzlichen Nachkommen haben und ein solcher nicht zu erwarten ist. Das Gesetz bestimmt dann noch eine hier zu beobachtende besondere Reihenfolge nach der Dauer, während der das Grundstück Eigentum einer und derselben Familie bildet. Bei Grundstücken, die in die hier angeführten Kategorien nicht fallen, hat eine Ablösung nur dann statt, wenn das Plenum des Landesgerichtes für Grundbesitzregelung es mit einer Zweidrittelmajorität beschliesst.

Der Besitzer kann nachweisen, dass von einem Grundbesitz, der der Ablösung unterliegen würde, einzelne Parzellen schon während zehn Jahre vor der Kundmachung des gegenwärtigen Gesetzes zu irgend einem in dem Gesetze angeführten Zwecke überlassen wurden. In diesem Falle kann das Landesgericht beschliessen, dass hinsichtlich des verbliebenen Grundstückes eine Ablösung überhaupt nicht statthat.

Der Besitzer eines Grundstückes, das eventuell zur Ablösung gelangen könnte, kann in einer Eingabe an das Landesgericht beantragen, dieses möge sich in Anbetracht der Notwendigkeit, den Grundbesitz neuerlich zu instruieren oder die Instruktion zu ergänzen, wie auch notwendige und nützliche Institutionen, wie Bodenverbesserung, Aufforstung vorzunehmen, oder landwirtschaftliche oder industrielle Betriebe einzurichten, sich äussern, ob der Staat sein Ablösungsrecht überhaupt ausüben, und bis zu welchem Zeitpunkt er dieses nicht ausüben werde. Das Landesgericht hat sich nach Anhören der beteiligten Parteien und Gemeinden innerhalb sechzig Tage zu äussern, welche Frist für Grossgrundbesitze um weitere sechzig Tage verlängert werden kann. Erfolgen dann die Aufwendungen nicht in gehöriger Zeit, so verliert die Befreiung von der Ablösung ihre Wirksamkeit. Ein ähnliches Antragsrecht räumt das Gesetz auch dem Pächter ein, dessen Pacht auf längere Zeit lautet, wenn der Eigentümer seine Zustimmung erteilt.

Die letzterwähnten Bestimmungen haben ebenfalls den Zweck, die Grundbesitzer nicht überflüssigerweise in Zweifel über das künftige Schicksal ihres Eigentums zu lassen und sie dadurch von allen notwendigen Investitionen, Verbesserungen und Einrichtungen abzuhalten.

Ablösung von Baulichkeiten.

Auf Antrag des Eigentümers kann das Landesgericht anordnen, dass der Staat mit dem Grundstück auch die zu seiner wirtschaftlichen Ausnützung gehörenden Baulichkeiten ablöse, die sich nicht auf dem abgelösten Grundstücke befinden, wenn eine andere entsprechende Verwertung dieser Gebäude nicht wahrscheinlich gemacht werden kann. Diese Bestimmung gilt auch für landwirtschaftliche Mühlen, Spiritusfabriken oder andere mit der Landwirtschaft zusammenhängende Betriebe, Nutzniessungen oder Befugnisse, die zu dem abgelösten Grundstücke gehören. Im Falle der Ablösung sind diese Betriebe nach Tunlichkeit aus einer entsprechenden Zahl von Gemeindeinsassen bestehenden Genossenschaften der Gemeinde zu überlassen. Dem Eigentümer kann das Gericht auch gestatten, die Grundstücke, deren Ablösung beschlossen wurde, unmittelbar durch Privatgeschäfte jenen zukommen zu lassen, zu deren Gunsten das Ablösungsverfahren eingeleitet wurde.

Einleitung des Verfahrens.

Auf Ersuchen des Landesgerichtes ist die Einleitung des Ablösungsverfahrens im Grundbuche vorzumerken. Ist das geschehen, so kann sich niemand mehr darauf berufen, dass er vom Ablösungsverfahren keine Kenntnis gehabt habe. Über das Zulassen der Einleitung des Ablösungsverfahrens hat das Landesgericht auf Antrag, oder, je nach den in Betracht kommenden allgemeinen Interessen, auch von Amtswegen zu entscheiden, nach spätestens sechzig Tagen über die Entsendung einer Verhandlungskommission zur Beschaffung der zur raschen Durchführung des Verfahrens notwendigen Daten, wie auch zu Einigungsversuchen zu verfügen. Leiter dieser Kommission ist der von dem Landesgericht entsendete Richter. Das Gesetz gestattet den Parteien, an den Verhandlungen teilzunehmen und auch Sachverständige zu verwenden. Eine Einigung ist in jedem Falle, besonders über das Ausmass und den Platz der abzulösenden Flächen, über die Höhe des Ablösungspreises, über die Zahlungsmodalitäten, wie auch über einen eventuellen Vorschuss zu versuchen. Stosst die Bestimmung des Ablösungspreises aus dem Gesichtspunkte beachtenswerter Interessen der Parteien auf Schwierigkeiten, so ist auch darüber eine Einigung anzustreben, ob nicht die Bestimmung des Ablösungspreises für die ganze Fläche oder für einen Teil aufzuschieben wäre. Durch diese Bestimmung will das Gesetz sowohl den Veräusserer, wie den Erwerber des Grundstückes vor schweren Folgen der herrschenden Valutamisstände bewahren. Wird ein solcher Aufschub beschlossen, so hat der Eigentümer Anspruch auf einen Pachtzins, der entweder in einer entsprechenden Barrente, oder in Produkten zu zahlen ist. Kommt über die Höhe des Pachtzinses keine Einigung zustande, so wird er durch ein gemischtes Gericht bestimmt, doch kann, wenn die Verhältnisse sich später ändern, das Landesgericht auf Antrag der beteiligten Partei eine neuere Bestimmung des Pachtzinses oder der Jahresrente gestatten. Diese sind in zwei Raten und zwar in Ermanglung eines anderen Übereinkommens, am 1. Mai und am 1. November eines jeden Jahres im vorhinein zu bezahlen. Auch kann das Landesgericht, wenn die Billigkeit es erheischt, die Auszahlung eines entsprechenden Vor-Vorschusses zu Lasten des Ablösungspreises anordnen.

Der Ablösungspreis.

Den Ablösungspreis bestimmen, wenn keine Einigung rechtskräftig zustande kommt, gemischte Gerichte, die bei den nach der Lage der Grundstücke zuständigen Gerichtshöfen gebildet werden. Den Präsidenten, den stellvertretenden Präsidenten, je zwei ordentliche und zwei Ersatz-Richtermitglieder bestimmt der Präsident der königlichen Tafel alljährlich aus der Reiche der auf dem Gebiete des Gerichtshofes wirkenden Richter, die zwei ordentlichen und zwei Ersatzexperten-Mitglieder wählt der zuständige landwirtschaftliche Komitatsausschuss aus der Reihe landwirtschaftlicher Sachverständiger. Die letzterwähnte Bestimmung verdankt ihr Entstehen einem Beschlusse der vereinigten Ausschüsse der Nationalversammlung, denn nach dem ursprünglichen Entwurf hätte der genannte Ausschuss nur je ein ordentliches und Ersatzexperten-Mitglied wählen sollen, während die Wahl der anderen Mitglieder dem Eigentümer des Grundstückes zugestanden wäre. Gegen den Beschluss des gemischten Gerichtes hat innerhalb fünfzehn Tage Berufung an die königlich ungarische Kurie statt, an der ein ebenfalls aus richterlichen und aus sachverständigen Mitgliedern bestehender gemischter Senat gebildet wird, der in diesen Fragen endgiltig entscheidet. Die Mitglieder werden alljährlich in Plenarsitzungen in geheimer Abstimmung gewählt, und zwar die richterlichen Mitglieder von der Kurie, je eines der sachverständigen ordentlichen und Ersatzmitglieder aber von dem Landesgerichte für Grundbesitzregelung und von der landwirtschaftlichen Landeskammer. Je nach Bedarf können auch mehrere gemischte Gerichte und gemischte Senate gebildet werden. Angelegenheiten, die vor diese gemischten Gerichte gehören, können auf den ordentlichen richterlichen Weg nicht gebracht werden.

Der Ablösungspreis ist auf Grund der von der Verhandlungskommission vorgenommenen Schätzung und der durch sie beschafften sonstigen Daten nach Anhören der Beteiligten und der allfällig von ihnen namhaft gemachten Sachverständigen derart zu bestimmen, dass Die Beteiligten den zur Zeit der Bestimmung des Ablösungspreises bestehenden vollen Wert als Vergütung bekommen. Der diese Frage behandelnde § 44 enthält eingehende Bestimmungen darüber, welchen Umständen bei der Feststellung des Preises besonders Rechnung zu tragen ist. Wurde das Grundstück längstens zwei Jahre vor Zulassung der Ablösung durch Kauf oder durch Feilbietung erworben, so kann der Ablösungspreis den jüngsten Gegenwert nur um soviel übersteigen, als die durch mittlerweile erfolgte Investitionen bewirkte Wertsteigerung und die in dem wirtschaftlichen Nutzen nicht erstatteten Zwischenzinsen betragen. Besonders zu beachten sind hier auf dem Grundbesitze ruhende Lasten, die aus dem Grundbuche nicht ersichtlich sind oder im ganzen oder zum Teil wohl aus dem abgelösten Grundstücke gedeckt wurden, aber auch nach der Ablösung den früheren Eigentümer belasten. Patronatsrechte kann im Notfalle der Staat übernehmen. Die Befreiung von den Patronatslasten kann auch durch Bindung eines entsprechenden anderen Grundstückes erfolgen. Auf Antrag des Bischofs von Székesfehérvár, Dr. Ottokár Prohászka, hat die Nationalversammlung in der Spezialdebatte hier noch die Bestimmung aufgenommen, dass für die Befreiung von den Patronatslasten hauptsächlich dort zu sorgen ist, wo der abgelöste Grundbesitz in die Hand zahlreicher Kleingrundbesitzer gelangt. Zu Gunsten der Ökonomiebeamten fügte die Nationalversammlung ferner auf Antrag des Abgeordneten Stefan Rubinek hier noch die Bestimmung ein, dass zur Sicherung eines das abgelöste Grundstück belastenden Pensionsfonds der Ökonomiebeamten ein entsprechender Betrag in Barem oder in

Wertpapieren zu hinterlegen ist und insolange hinterlegt zu bleiben hat, als es zu Lasten des Pensionsfonds Pensionsberechtigte gibt.

Nun folgen Bestimmungen über die Begleichung des Ablösungspreises, die zum grössten Teile Anregungen des Finanzministers zu verdanken sind. Als massgebend gilt in dieser Hinsicht die von dem Landesgerichte genehmigte Einigung. Der Preis ist in der Regel bar zu begleichen, doch kann dass auch auf Grund eines Beschlusses des Landesgerichtes zur Gänze oder zum Teil mit durch den Finanzminister bestimmten Schuldverschreibungen geschehen. Gänzlich erfolgt die Begleichung in Barem in allen billigenswerten Fällen, namentlich wenn das abgelöste Grundstück das alleinige landwirtschaftliche Grundstück des früheren Eigentümers war. Wird ein Grundstück eingeschränkten Verkehrs abgelöst, so ist nur derjenige Teil des Preises bar zu begleichen, der zur Ergänzung der landwirtschaftlichen Instruktion des verbleibenden Grundbesitzes oder zu ähnlichen Investitionen auf diesem notwendig ist. Die rechtskräftige Bestimmung des Ablösungspreises ist der Grundbuchsbehörde mitzuteilen; steht der Auszahlung ein rechtliches oder faktisches Hindernis entgegen, so ist der Preis bei Gericht zu hinterlegen. Auf Gefahr des Hinterlegers kann er auch bei der Finanzinstitutszentrale, bei einem ihrer Mitglieder oder bei einem anderen altruistischen Institut hinterlegt werden. Auch ohne besondere Bestimmung verbleiben auf dem abgelösten Grundstück Lasten, wenn die zu ihrer Sicherstellung eingetragenen Hypothekarpfandrechte bei der Emission von Pfandbriefen oder Schuldverschreibungen als Deckung dienen, doch kann durch Vergleich vereinbart oder durch das Landesgericht für Grundbesitzregelung angeordnet werden, dass bei der Ablösung auch Lasten dieser Natur zur Auszahlung gelangen, wie auch dass Lasten im Ganzen oder zu proportionellen Teilen auf dem abgelösten Grundstück verbleiben, wenn ihre Bedingungen nicht schwerer sind als die üblichen Bedingungen von Pfandbrief- oder Schuldverschreibungsdarlehen. Alle anderen Lasten des Grundstückes erlöschen mit der Auszahlung oder Hinterlegung des Ablösungspreises.

Pächter können wegen Erlöschens der Pacht durch die Ablösung keine Entschädigung fordern, es sei denn, dass für den Fall der Ablösung anderes vereinbart wurde. Dagegen steht ihnen das Recht auf Entschädigung für nützliche und nicht unverhältnismässige Investitionen bis zur Höhe des zur Zeit der Ablösung noch nicht erstatteten Wertes zu. Diese Entschädigung ist bei der Ablösung zu Lasten des zur Zahlung des Ablösungspreises Verpflichteten esonders auszuzahlen. Diese Bestimmung gilt auch für Mieter.

Bei der Eintragung des Eigentumsrechtes zu Gunsten des Staates oder zu Gunsten derjenigen, denen der Staat das abgelöste Grundstück zukommen lässt, ordnet die Grundbuchsbehörde von amtswegen auch die entsprechende Richtigstellung des Grundbuches an. Der Staat tritt am Ende des im Zeitpunkte der Beendigung des Ablösungsverfahrens laufenden Wirtschaftsjahres in den Besitz des abgelösten Grundstückes, doch können die Parteien eine andere Vereinbarung treffen, wie auch das Landesgericht anders bestimmen kann. Das im Namen des Staates vorgehende Gericht, der Ackerbauminister oder der durch diesen bestimmte Käufer können aber auch früher schon landwirtschaftliche Arbeiten und Messungen vornehmen, die die Besitznahme ohne jeden Nachtei für den früheren Eigentümer vorbereiten.

Ubernahme von Pachtungen.

Es ist nicht zu verkennen, dass das hier dem Staate eingeräumte Recht der Ablösung eigentlich nichts anderes als ein sachlich und zeitlich begrenztes Enteignungsrecht ist. Als solches ist es auch bei uns kein Novum, da unsere Gesetzgebungen schon vor nahezu einem halben Jahrhundert das Enteignungsrecht für staatliche, wie auh für im öffentlichen Interesse gelegene Privatinteressen statuiert haben. In den betreffenden Gesetzen werden die Fälle, in denen das Enteignungsrecht zur Anwendung gelangen kann, genau aufgezählt. Eine solche Aufzählung ist nun in der Frage der Grundbesitzpolitik nicht leicht möglich. Dabei trachtet das Gesetz auch, das langwierige Verwaltungs- und gerichtliche Verfahren zu vermeiden, ohne dass jedoch die Eigentümer dadurch einen Nachteil erleiden würden.. Da es sich hier nun um eine eigentümliche, ganz besondere Art der Enteignung handelt, erschien es notwendig, ihr auch eine besondere Benennung zu geben. Das Gesetz spricht daher von einem Recht der Ablösung, beobachtet aber streng die zwei wichtigsten Punkte der Enteignung, dass auch die Ablösung nur im allgemeinen Interesse statthabe und dass dem Eigentümer für die ihm weggenommenen Güter volle Entschädigung gebührt. Auch der letzterwähnte Umstand ist eigentlich ein allgemeines Interesse, denn eine künstliche Minderung des Bodenwertes würde den Kredit des ganzen Landes und des ganzen Landbaues mindern, was heute nach Tunlichkeit zu vermeiden ist. Der Ersatz des vollen Wertes ist aber auch deshalb notwendig, damit die ihren Besitz verlierenden Eigentümer auf anderen Gebieten ihr Heil suchen und im wirtschaftlichen Leben weiter arbeiten können. Hauptsächlich jedoch fällt hier der Umstand in die Wagschale, dass man nur den um seinen wirklichen Preis erworbenen Boden zu schätzen pflegt. Der leicht erworbene gereicht nur der Gesamtheit zum Nachteil und kann daher nicht der Zweck einer ernsten Grundbesitzpolitik sein.

Die bisher erörterten Bestimmungen des Gesetzes regeln die dem Staate eingeräumten Rechte, mit deren Hilfe ihm die Möglichkeiten geboten werden sollen, allen denjenigen, denen er zu Grund und Boden verhelfen will, dessen Erwerb als *Eigentum* zu ermöglichen, doch rechnet das Gesetz auch mit anderen Ewentualitäten und will auch dadurch seine Zwecke fördern, dass Anspruchsberechtigte durch *Pacht* zu Boden gelangen, wodurch namentlich diejenigen berücksichtigt werden, die nicht über die materiellen Mittel zum Erwerb des Eigentums an Grund und Boden verfügen. Ebenso wie die Kaufverträge auf Immobilien werden daher auch die Pachtverträge unter behördliche Kontrolle gestellt, und zwar derart, dass alle über die Verpachtung eines landwirtschaftlichen Grundbesitzes abgeschlossenen Verträge sofort nach ihrem Zustandekommen, wurden sie aber noch vor dem Inslebentreten des Gesetzes abgeschlossen, innerhalb dreissig Tage und jedenfalls vor Besitzergreifung der Pacht der landwirtschaftlichen Subkommission des Verwaltungsauschusses behufs Zurkenntnisnahme unter Anschluss eines Original-Vertragsexemplares anzumelden sind. Diese Anmeldung findet nicht statt, wenn Umstände vorhanden sind, wegen deren der Staat, wenn der Grundbesitz verkauft würde, das Vorkaufsrecht nicht ausüben könnte, oder wenn der Pächter das Grundstück schon vor Inslebentreten des Gesetzes in Besitz genommen hat. Entscheidet die Subkommission innerhalb dreissig Tage nicht, so gilt der Vertrag als zur Kenntnis genommen, doch hat sie von der Vorlage das landwirtschaftliche Inspektorat und behufs Kundmachung die Vorstehungen der beteiligten und der benachbarten Gemeinden zu verständigen. Die Zurkenntnisnahme ist nicht zu verweigern, wenn der Pächter diplomierter oder berufsmässiger Ökonom ist, oder wichtige Gründe nicht dafür sprechen, dass die Pacht nicht in Hände von Kleinpächtern gelange. Gegen die Verweigerung der Zurkenntnisnahme steht den Parteien, gegen die Zurkenntnisnahme aber im öffentlichen Interesse dem Fiskal das Munizipiums und dem landwirtschaftlichen Inspektorate die Berufung an das Landesgericht für Grundbesitzregelung zu. Äussert sich das Landesgericht innerhalb dreissig Tage nicht, so gilt der Pachtvertrag ebenfalls als zur Kenntnis genommen, doch kann diese Frist für Grossgrundbesitze um weitere dreissig Tage verlängert werden. Das Landesgericht hat die Zurkenntnisnahme nur dann zu verweigern, wenn der Staat an die Stelle des Pächters tritt und den Pachtvertrag übernimmt.

Ist der landwirtschaftliche Grundbesitz in der Zeit, in der er zur Ablösung gelangen könnte, schon durch Kleinpachtungen ausgenützt, so kann das Landesgericht in der für die Zulassung der Ausübung des Ablösungsrechtes offenen Frist die Aussetzung der Ablösung gestatten. Ohne Zustimmung des Eigentümers ist das bis zum Ablauf des am längsten laufenden Pachtvertrages, und nur wenn es der Billigkeit nicht widerspricht, zulässig. In solchen Fällen tritt der Staat als Hauptpächter in das Pachtverhältnis ein und haftet auch als solcher dem Verpächter für den Pachtzins. Pächter grösserer Pachtungen haben in Ermangelung einer widersprechenden Vereinbarung die Pacht dem Staate ebenso zu überlassen, als wäre die Ablösung des Grundstückes durchgeführt worden. Das Landesgericht hat von Fall zu Fall zu bestimmen, inwieferne Kleinpächter, deren Hauptbeschäftigung oder Beruf jedoch nicht der Landbau ist, die Pacht dem Staate zu überlassen haben. Von gebundenen Besitzen kann der Staat in jedem Falle so viel als Hauptpächter übernehmen, als von dem Besitz auf Grund dieses Gesetzes abgelöst werden könnte. Das gilt auch dann, wenn das Grundstück nicht verpachtet ist. Wird der verbleibende Teil eines derartigen Grundbesitzes nicht entsprechend verwaltet, so kann auch er in Hauptpacht übernommen werden.

Die Pachtbedingungen sind im Notfalle so zu bestimmen, wie der Ablösungspreis. Die Pacht kann in Barem oder in Produkten bestimmt werden und in Ermangelung einer anderen Vereinbarung längstens auf 25 Jahre lauten. Gelangt ein auf Grund der eben ausgeführten Bestimmung übernommener Grundbesitz zur endgiltigen Ablösung und ist zur Befriedigung der Anspruchsberechtigten genügend Bodenbesitz zur Verfügung, so können Pächter, die ihre Grundstücke schon mindestens fünf Jahre hindurch in Pacht haben, für den Fall der Ablösung beanspruchen, dass der Staat die von ihnen gepachteten Parzellen ihnen entweder durch Kauf oder als Rentengut unter entsprechenden Bedingungen überlasse. Ein solcher Anspruch steht Pächtern nicht zu, die ein anderes Grundstück von entsprechendem oder noch grösserem Ausmasse als Eigentum oder in Pacht besitzen, die das gepachtete Grundstück weder selbst, noch durch ein Mitglied ihrer Familie bewirtschaften und es ohne zwingenden Grund in Unterpacht gegeben haben oder die das gepachtete Grundstück zum Teil oder gänzlich für Lohnanteil, Konvention oder als Begünstigung besitzen. Andererseits kann auf Grund dieser Bestimmung die Überlassung einer

Parzelle nicht gefordert werden, deren Abtrennung von dem übrigen Teile des Grundstückes auf diesem die rationelle Bewirtschaftung hindern würde.

Ist ein Grundbesitz, den der Staat durch Ablösung erwerben könnte, verpachtet, so kann das Landesgericht den Pächter verpflichten, einen bestimmten Teil unter billigen Bedingungen innerhalb einer Notfrist durch Schaffung von Kleinpachtungen zu nutzen, wobei dem Pächter eine entsprechende Entschädigung für allfällige Aufwendungen zugesichert wird. Entspricht der Pächter dieser Verpflichtung rechtzeitig nicht, so tritt der Staat in das Pachtrechtsverhältnis ein, in welchem Falle dem Pächter keinerlei Entschädigung zukommt. Diese Bestimmung ist auch auf verpachtete Grundstücke, die Staatseigentum bilden, anzuwenden.

Das Gesetz sorgt sodann für die grundbücherliche Sicherung der hier behandelten Pachtungen und bestimmt, dass im Falle einer Feilbietung das Grundstück in den bestehenden Kleinpachtungen entsprechenden Parzellen feilzubieten ist. Die Feilbietung hat zu unterbleiben, wenn vor ihrer Durchführung das Verfahren zur Ablösung des Grundstückes durch den Staat eingeleitet wird. Unterverpachtungen verbietende Bestimmungen des vom Staate übernommenen Pachtvertrages verlieren ihre Wirksamkeit. Dasselbe gilt für andere Bedingungen des Vertrages, deren Zweck offenbar nur die Erschwerung oder Hinderung der Anwendung des Gesetzes ist. Der dem Verpächter infolge der Unterverpachtung verursachte Schaden ist ihm zu vergüten.

Grundstückzerstückelung.

Es kann nur schwer in Abrede gestellt werden, dass die Grundstückzerstückelung, die Parzellierung, zu der Milderung der Missverhältnisse in der Verteilung des Grundbesitzes bedeutend beizutragen vermag, dass aber andererseits auch die auf den Ankauf von Parzellen angewiesenen Personen gegen verschiedene Arten von Missbräuchen zu schützen sind. Deshalb will das Gesetz keineswegs weitere Zerstückelungen von Grundbesitz unmöglich machen oder auch nur erschweren, es will sie auch nicht zum Gegenstande eines neuen Staatsmonopols machen, erklärt sie nicht für eine Staatsaufgabe, sondern es begnügt sich, eine gewisse Kontrolle zu ermöglichen und für Parzellierungen genau einzuhaltende Bestimmungen vorzuschreiben. Demnach hat jeder, der ein landwirtschaftliches Grundstück in Parzellen veräussern will, seine Absicht für jedes Grundstück besonders dem landwirtschaftlichen Inspektorat vor Inangriffnahme der Zerstückelung anzumelden. Das gilt nicht für Intravillangrundstücke wie auch für Grundstücke von geringer Bedeutung, für die der Ackerbauminister diese Verpflichtung mit Verordnung aufhebt.

Als Grundstückzerstückelung gilt, insoweit der Ackerbauminister nicht anders bestimmt, jede Störung eines einheitlichen Wirtschaftsbetriebes durch parzellenweisen Verkauf, und zwar selbst dann, wenn das Grundstück im Grundbuch nicht einen einheitlichen Gutskörper bildet. Das Inspektorat folgt über die Anmeldungen besondere Beurkundungen aus, ohne die das Eigentumsrecht für die Käufer nicht grundbücherlich einverleibt werden kann. Kaufverträge für derart veräusserte Parzellen sind nur dann wirksam, wenn der schriftliche Vertrag durch die zuständige Gemeindevorstehung vidimiert, oder wenn er in eine öffentliche Urkunde aufgenommen wird. Die Gemeindevorstehung kann das Visum nicht verweigern, doch kann sie die Vorlage einer stempelfreien Abschrift der Urkunde verlangen und diese auch zurückbehalten. Dem Vertragsabschluss vorangehende Vereinbarungen sind ebenfalls nur bindend, wenn sie in schriftlicher Form erfolgen. Im Falle der Parzellierung können die einzelnen Parzellen ohne besondere Bewilligung des Landesgerichtes für Grundbesitzregelung den Käufern nur dann in Besitz gegeben werden, wenn sie in natura schon ausgeschieden, im Grundbuch aber getrennt und die sie belastenden Rechte geordnet sind. Verboten ist, die Käufer zu einer Verpflichtung zur ungeteilten Hand zu verhalten, von ihnen Wechsel zu nehmen oder ihnen zur ungeteilten Hand belastete Grundstücke in Besitz zu geben. Jede entgegengesetzte Vereinbarung ist nichtig. Gegen dieses Verbot angenommene Wechsel können zurückverlangt, und wenn sie nicht mehr im Besitze des Gläubigers sind, so kann von ihm die Bezahlung des Nominalwertes des Wechsels verlangt werden, von dem nur die bereits abgelaufenen Tilgungszahlungen abgezogen werden können.

Der Käufer kann bis zur grundbücherlichen Eintragung des Eigentumsrechtes von dem Kaufvertrag abstehen, wenn die den Gegenstand des Kaufes bildende Parzelle bei Abschluss des Vertrages noch nicht ausgeschieden war, oder wenn der Verkäufer die Umgestaltung des Grundbuches innerhalb einer billigen Frist nicht durchzuführen vermag. Dieses Rücktrittsrecht kann bei sonstiger Nichtigkeit weder eingeschränkt, noch kann darauf verzichtet werden.

Die Grundstückzerstückelungen werden von dem Landesgerichte für Grundbesitzregelung kontrolliert. Das Gericht kann kraft dieses seines Rechtes vor grundbücherlicher Eintragung des Eigentumsrechtes der Käufer anordnen, dass der Parzellierende den Plan der Zerstückelung und die mit den Käufern abgeschlossenen Verträge vorlege oder in ortsüblicher Weise kundmache, ferner dass der Kaufpreis bis zur rechtskräftigen Einverleibung des Eigentums-rechtes dem Verkäufer nicht auszuzahlen, sondern zu hinterlegen ist, und dass schliesslich die Übergabe in Besitz nur unter Mit-wirkung eines behördlichen Organs erfolgen könne. Alle diese Bestimmungen des Gerichtes können in dem Grundbuche ange-merkt werden. Das Landesgericht kann ferner Änderungen und Ergänzungen der Pläne und der Verträge anordnen, die Durch-führung der Parzellierung zum Teil oder in Gänze verbieten und der Staat kann auf das Grundstück im Ganzen oder zum Teil das Vorkaufsrecht ausüben. All das hat statt, insoweit die Zerstücke-lung den technischen oder wirtschaftlichen Anforderungen oder den mit den Käufern geschlossenen Verträgen nicht entspricht, wie auch insoweit die geplante Durchführung der Zerstückelung das allgemeine Interesse verletzen würde. Widersprechende Verein-barungen sind unwirksam. Von den hier erörterten Bestimmungen des VI. Abschnittes sind Grundstückzerstückelungen ausgenommen, die eines der altruistischen Institute oder ein der Finanz-institutszentrale angehörendes Finanzinstitut durchführt oder ver-mittelt, das gemäss dem Gesetze oder seinen Statuten auf Grund durch das Landesgericht für Grundbesitzregelung genehmigter Pläne Grundstückzerstückelungen vornimmt.

Rentengüter.

Die in dem nun folgenden Abschnitt enthaltenen Bestimmun-gen haben ebenfalls den Zweck, weniger Bemittelte, jedoch Befugte oder infolge der Kriegsumstände Berechtigte in die Lage zu ver-setzen, sich einen entsprechenden Grundbesitz zu verschaffen. Das soll durch die Schaffung von Rentengütern ermöglicht werden. Schon der Darányische Entwurf widmete einen ganzen, nicht weni-ger als dreiundvierzig Paragraphen zählenden Abschnitt (IX.) der Rente, in dem ebenfalls die Bildung von Rentengütern geregelt wird. Der Verfasser des die Grundlage des nun geschaffenen Gesetzes bildenden Entwurfes und nach ihm die vereinigten Aus-schüsse und die Nationalversammlung selbst erachteten es umso mehr für notwendig, diese Einrichtung endlich auch bei uns ein-zuführen, da ausser den Gründen, die seinerzeit den Ackerbau-minister Darányi zur Aufnahme der fraglichen Bestimmungen bewogen haben, heute noch besonders die Rücksichten hier schwer in die Wagschale fallen, die der Staat in der Frage der Grund-besitzverteilung allen denen gegenüber walten zu lassen hat, die durch den Krieg oder durch seine Folgeerscheinungen verhindert wurden, einen Grundbesitz zu erwerben. Nach dem Gesetz kann das Eigentum von landwirtschaftlichem Grundbesitz, von Familienhäusern oder zum Bauen von Häusern bestimmter Grundstücke auch derart übertragen werden, dass der Käufer (der Rentengutsbesitzer) sich verpflichtet, anstatt des Kaufpreises zur Gänze oder zum Teil zu Gunsten des Verkäufers und seiner Rechtsnachfolger (Rentenbezieher) eine in Barem oder in Produkten bestimmte Jahresrente zu bezahlen. Das derart übertragene Grundstück bildet ein Rentengut.

Das Verhältnis zwischen den Parteien wird durch den Rentengutsvertrag geregelt, dessen dem gegenwärtigen Gesetze wiedersprechende Bestimmungen ungiltig sind. Zur Giltigkeit des Vertrages sind erforderlich: schriftliche Fassung und Zustimmung des Landesgerichtes für Besitzregelung. Diese Zustimmung ist jedoch nicht notwendig, wenn der Rentenbezieher der Staat oder ein altruistisches Institut ist.

Die Jahresrente ist in der Regel in zwei gleichen Teilen nachträglich zu leisten. Sie wird durch die grundbücherliche Eintragung eine Grundlast des Rentengutes. Der Rentengutsbesitzer haftet auch persönlich für Renten, die fällig wurden, solange er Besitzer des Rentengutes war. Dem Rentenbezieher kommt dasselbe gesetzliche Pfand und sicherstellungsweise Zwangsvollstreckungsrecht bezüglich der Jahresrenten zu wie dem Verpächter hinsichtlich des Pachtzinses. Kann vor grundbücherlicher Eintragung der Rente aus dem Rentengut nicht ein einheitlicher Grundbuchskörper gebildet werden, so ist in dem Vertrage zu bestimmen, welcher Teil der Rente die einzelnen Grundbuchskörper belastet.

Der Rentengutsbesitzer kann die Rente mit zweijähriger Kündigung in der Regel wann immer kündigen, wenn er sie abzulösen beabsichtigt. Der Staat kann jedoch als Rentenbezieher bedingen, dass dem Rentengutsbesitzer ohne Zustimmung des Landesgerichtes kein Ablösungsrecht zukomme. Andere Rentenbezieher können nur bedingen, dass das Ablösungsrecht eine bestimmte Zeit lang, jedoch längstens zweiunddreissig Jahre ruhe. Ist nicht der Staat der Rentenbezieher, so kann mit Zustimmung des Landesgerichtes der Ackerbauminister den Rentenbezieher mit dem Ablösungsbetrage wann immer befriedigen, jedoch nur im Falle der Übertragung des Rechtes des Rentenbeziehers, wenn das Rentengut aus einem auf Grund des gegenwärtigen Gesetzes nicht ablösbaren Grundbesitz gebildet wurde. Die Befriedigung kann auch durch Hinterlegung des erwähnten Betrages erfolgen. Der Staat tritt dann an die Stelle des Rentenbeziehers. Dieses Recht kann der Ackerbeuminister auch einem der altruistischen Institute übertragen.

Den Ablösungspreis der Rente können die Parteien in dem Vertrage im vorhinein bestimmen. Kommt keine Vereinbarung zwischen ihnen zustande, so ist der Ablösungspreis das Zwanzigfache der Rente. Der Ablösungspreis ist in das Grundbuch einzutragen. Im Vertrag kann auch die Tilgung des Ablösungspreises entweder in beliebigen oder in planmässig bestimmten Teilzahlungen gestattet werden.

Der Rentenbezieher kann die Ablösung der Rente nicht fordern. In dem Vertrag kann jedoch bedungen werden, dass er das Rentengut unter bestimmten Bedingungen zurücknehmen kann, und zwar wenn der Vertrag nicht eine kürzere Frist bestimmt, innerhalb eines Jahres von dem Tage an gerechnet, an dem ihm der zur Rücknahme berechtigende Umstand zur Kenntnis gelangt. Bildet dieser Umstand Vernachlässigung oder Schädigung des Rentengutes durch den Besitzer, so hat eine Sperre statt. Im Falle der Rücknahme hat der Rentengutsbesitzer auf Vergütung der inzwischen vorgenommenen notwendigen und nützlichen Aufwendungen bis zur Höhe des vorhandenen Wertes Anspruch.

Bei Eintragung des Eigentumsrechtes des Rentengutsbesitzers ist auch die Rentengutseigenschaft vorzumerken. Ist nicht der Staat der Rentenbezieher, so hat dieser spätestens nach Bezahlung einer fünfjährigen Rente die Eintragung zu gestatten. Nach voller Bezahlung des Ablösungspreises ist die Anmerkung der Rentengutseigenschaft wieder zu löschen. Die erwähnten besonderen Bestimmungen des Vertrages sind gutgläubigen Dritten gegenüber nur dann wirksam, wenn sie aus dem Grundbuch ersichtlich sind. Ist der Rentenbezieher der Staat, so kann das Rentengut oder dessen Niessbrauch nur mit Zustimmung des Landesgerichtes belastet, übertragen, geteilt oder verpachtet werden. Auch andere Rentenbezieher können ähnliche Beschränkungen bedingen, was jedoch im Grundbuche anzumerken ist. Für die zu einem Rentengute gehörenden Gemeinweiden bleiben die Bestimmungen des Weidegesetzes in Kraft.

Der Schutz der Familienstätten.

Der Zweck der Bodenreform wäre nur zu geringem Teile erreicht, wenn nicht auch dafür Vorsorge getroffen würde, dass die auf Grund des Gesetzes zu bildenden Kleingrundbesitze von ihren Erwerbern und deren Nachkommen auch behalten werden können. Es wurde allgemein die Notwendigkeit erkannt, dem vorzubeugen, dass die neue Verteilung der Grundbesitze in kurzer Zeit wieder eine Umgestaltung erfahre, und zwar derart, dass neuerliche Missverhältnisse auf diesem Gebiete eintreten, die durch

Verschuldung, durch Erbschaft oder auch durch massenweisen Ankauf von Grundstücken herbeigeführt würden. Diese nicht minderwichtigen Zwecke will das Gesetz durch die in den VIII. Abschnitt aufgenommenen Bestimmungen zum Schutze der Familienstätten erreichen. Die Gesetzgebung misst diesen Bestimmungen so grosse Tragweite bei, sie erwartet von ihrer zielbewussten Durchführung so bedeutende Erfolge in der richtigeren Verteilung der Grundbesitze, dass sie über diese Frage ein besonderes Gesetz geschaffen hat, den G.-A. XXIX : 1920, der die Bestimmung von Hausstellen und die Bildung von Kleinpachtungen regelt und für diese schon die in dem neuen Gesetze enthaltenen einschlägigen Bestimmungen bereits verwirklicht hat.

Die Wichtigkeit, welche diesen Bestimmungen allseits beigelegt wurde, geht auch daraus hervor, dass es kaum einen anderen Abschnitt des Gesetzes gibt, als dem sowohl die Ausschüsse wie auch das Plenum der Nationalversammlung so zahlreiche und so wesentliche Gesetzungen vorgenommen hätten. Nach diesen Bestimmungen soll denjenigen, denen auf grund des Gesetzes ein Bodenbesitz zugewendet wird, eine dauernde Familienstätte gesichert werden, die unter dem Schutze der Bestimmungen dieses Abschnittes steht. Doch macht der Gesetz hier einen Unterschied zwischen Grundstücken, die den betreffenden ausdrücklich zur Gründung einer Familienstätte überlassen werden und zwischen ohne diese Bestimmung zugewendeten Grundstücken. Bei jenen Besitzen ist die Eigenschaft einer Familienstätte grundbücherlich einzutragen, was zur Folge hat, dass derartige Grundstücke weder veräussert noch vergrössert, verpachtet oder in Niessbrauch gegeben werden können. Doch gibt es auch Familienbesitze, die nach dem Gesetze unteilbare Familienbesitze heissen und die, wenn es bedungen wird, als ungeteiltes Ganzes auf einen einzigen Erben übergehen müssen, bei denen also eine Stammerbfolge eingeführt wird. Die meisten Bestimmungen des Abschnittes berühren nur Grundstücke, die ausdrücklich zur dauernden Sicherung einer Familienstätte erworben werden.

Für Familienbesitz kann das Landesgericht für Besitzregelung jedes Grundstück erklären, das der Staat einzelnen unter gewissen nachfolgend anzuführenden Begünstigungen zukommen lässt. Aber auch der Eigentümer des Grundstückes kann mit Zustimmung des Landesgerichtes jedes auf Grund des gegenwärtigen Gesetzes erworbene Grundstück für Familienbesitz erklären. Mit Zustimmung des Landesgerichtes können ferner Familienbesitze auch aus anderen Grundstücken errichtet werden, die nicht auf Grund des gegenwärtigen Gesetzes erworben wurden. Die entsprechenden Vorschriften für das hiebei zu befolgende Verfahren wird der Ackerbauminister unter Mitwirkung des Landesgerichtes bestimmen. Da jedoch das Gesetz in erster Linie die Kleingrundbesitze zu fördern und zu schützen trachtet, bestimmt es, dass ein Familienbesitz samt den mit ihm vereinigten Grundstücken nicht grösser sein kann als ein höchstens das Dreifache des zum üblichen und gebührenden Unterhalt einer zahlreichen Familie genügenden Einkommens bietender Besitz.

In der Regel ist zur Belastung eines Familienbesitzes die Zustimmung des Landesgerichtes, oder der von ihm bestimmten Behörde erforderlich. Das gilt nicht, wenn es sich um die Sicherstellung von öffentlichen Lasten handelt und wenn die einzutragende Hypothek sich noch innerhalb der allfälligen Belastungsgrenze bewegt.

Der Familienbesitz kann in der Regel nicht Gegenstand einer Zwangsvollstreckung sein, doch gestattet das Gesetz gewisse Ausnahmen, die hauptsächlich rückständige Teil- oder Rentenzahlungen betreffen. Auch dann hat aber eine Zwangsvollstreckung nur in dem Falle statt, in dem die Forderung aus dem anderen Vermögen des Schuldners nicht einzutreiben ist. Im Falle einer Feilbietung kann der Staat den Familienbesitz für den Ausrufungspreis ablösen. Grundbücherlich beteiligte Parteien können unter Vorstreckung der Kosten die Bestimmung des Ablösungspreises durch ein gemischtes Gericht beantragen. Übersteigt der in dieser Weise zu bestimmende Preis den Ausrufungspreis nicht um 10%, so hat der Antragssteller die Kosten zu tragen, die sonst zu den Durchführungskosten der Feilbietung zuzuschlagen sind.

Sehr eingehende Bestimmungen anthält das Gesetz über die Erbfolge im Familienbesitz. Im allgemeinen sind die Vorschriften der gesetzlichen Erbfolge massgebend, doch kann der Erblasser über seinen Familienbesitz durch letztwillige Verfügung bestimmen dass er eine Teilung unter den Deszendenten vornimmt, die Witwenversorgung seines Ehegefährten regelt und, falls kein erbberechtigter Deszendent, Ehegefährte, oder Eltern existieren, einen der zur gesetzlichen Erbfolge berufenen Verwandten als Erben namhaft macht.

Bei der Schaffung oder bei der Übernahme des Familienbesitzes kann der Eigentümer mit Zustimmung des Landesgerichtes und unter der für letztwillige Verfügungen vorgeschriebenen Form bedingen, dass der Familienbesitz als ungeteiltes Ganzes auf einen einzigen Erben übergehe, was im Grundbuch ersichtlich zu machen ist. Das Gesetz bestimmt genau, welchen Erbberechtigten ein solcher Familienbesitz zuzukommen hat, wie auch die Pflichten und die Rechte des neuen Eigentümers.

Der diese Bestimmungen enthaltende Paragraph ist vielleicht der einzige, der sowohl in den Ausschüssen wie auch in der Spezialverhandlung wesentliche Änderungen erfahren hat. Namentlich gilt das für die Bestimmung, die die Erbfolge der gesetzlichen Erbberechtigten regelt.

Nach der ursprünglichen Fassung des Entwurfes war für diesen Fall folgende Bestimmung vorgesehen: »Insoweit der Erblasser selbst in Ermanglung eines zur Erbschaft berufenen Deszendenten seinen Erben nicht namhaft macht und auch die bei der Schaffung oder bei der Übernahme des ungeteilten Familienbesitzes in der für letztwillige Bestimmungen vorgeschriebenen Form abgegebene Erklärungen die Erbfolge im vorhinein nicht anders bestimmt hat, so können den ungeteilten Familienbesitz die zur gesetzlichen Erbfolge Berufenen nach der gesetzlichen Erfolgeordnung beanspruchen, doch geht die Gattin dem Verwandten vor, von Verwandten in verschiedenen Graden der nähere dem entfernteren, von Verwandten in selben Grade der männliche dem weiblichen, während unter Verwandten desselben Geschlechts das Los entscheidet.«

In der dem Berichte der vereinigten Ausschüsse angefügten neuen Fassung des Gesetzes, die bekanntlich die Grundlage der Plenarverhandlung in der Nationalversammlung bildete, lautet der letzte Satz dieses Paragraphen folgendermassen: »Der Ehegefährte geht jedoch dem Verwandten vor; von Verwandten verschiedenen Grades der nähere dem entfernteren; von Verwandten im selben Grade der männliche dem weiblichen, von Verwandten desselben Geschlechtes der jüngere dem älteren.«

Über diesen Paragraphen entspann sich in der Spezialverhandlung eine kurze, aber sehr interessante Debatte, deren Zweck der Schutz des Rückfallvermögens und des eigentümlichen ungarischen Erbrechtes war. Das Mitglied der Nationalversammlung MICHAEL DÖMÖTÖR beantragte zu der eben angerufenen Bestimmung in der Fassung der Ausschüsse folgende neue Fassung: »von Verwandten in demselben Grade geht jedoch der männliche dem weiblichen vor; von Verwandten desselben Geschlechts der ältere dem jüngeren«. Trotzdem Justizminister TOMCSÁNYI mit eingehender Begründung für die Fassung des Ausschussberichtes und gegen den Antrag Dömötör sich eingesetzt hatte, wurde dennoch der Paragraph laut dem Antrage des Abgeordneten Dömötör zum

Beschlusse erhoben, so dass nunmehr die Bevorzugung der Gattin gegenüber den Blutsverwandten des Erblassers fallen gelassen erscheint und bei Verwandten gleichen Geschlechtes nicht, wie der ursprüngliche Entwurf bestimmt hat, das Los entscheidet, auch nicht, dem Beschlusse der Ausschüsse entsprechend, der jüngere dem älteren vorgeht, sondern im Gegenteil der ältere gegenüber dem jüngeren das Erbe anzutreten hat. Dadurch wollte die Nationalversammlung dem herrschenden ungarischen Erbrecht und auch den einschlägigen Bestimmungen des beinahe schon zu Gesetzeskraft erhobenen Entwurfes eines Ungarischen Allgemeinen Bürgerlichen Gesetzbuches Rechnung tragen.

Den ungeteilten Familienbesitz können jedoch nicht beanspruchen Geisteskranke oder wegen Geistesschwäche unter Pflegschaft gestellte Personen, ferner Taubstumme, deren Anspruch auf entsprechenden Unterhalt jedoch unberührt bleibt. Findet sich kein Berechtigter, der gemäss diesen Bestimmungen den ungeteilten Familienbesitz übernehmen würde oder könnte, so fällt der Familienbesitz dem Staate an. Diese Bestimmungen berühren die den Ehegefährten auf Grund des ehelichen Verhältnisses zukommenden Rechte nicht.

Der den ungeteilten Familienbesitz übernehmende Erbe hat seine pflichtteilberechtigten Miterben wie auch den zur gesetzlichen Erbfolge berufenen Ehegenossen des Erblassers zu befriedigen, wobei der Familienbesitz im Ertragswerte in Rechnung zu ziehen ist. Die Leistung kann auch in einer gewissen Menge von Erzeugnissen bestehen. Der Erbe kann in diesen Fällen die rentenmässigen Leistungen durch ihr Kapitalequivalent ablösen. Bei der Errichtung des ungeteilten Familienbesitzes kann auch bedungen werden, dass der bestimmte Wert des Familienbesitzes und seiner wirtschaftlichen Instruktion, ohne Verbindlichkeit auf Teilung, demjenigen Erben zu überlassen ist, der den Familienbesitz im ganzen übernimmt, doch kann durch diese Bestimmung kein Pflichtteil verletzt werden. Verkauft der Erbe den auf Grund der hier angeführten Bestimmungen unter dem Wert übernommenen unteilbaren Familienbesitz oder dessen wirtschaftliche Instruktion innerhalb fünfzehn Jahre nach der Teilung zu einem höheren Preise, so hat er den Überschuss mit seinen Miterben zu teilen.

In diesen Abschnitt haben die vereinigten Ausschüsse einen neuen Paragraphen aufgenommen, der die früher erwähnten Begünstigungen bestimmt, indem er die Veräusserung und die Belastung von auf Grund des gegenwärtigen Gesetzes erworbenen Grundstücken, die nicht für Familienbesitze erklärt wurden, einschränkt, wie auch ihre Befreiung von Zwangsvollstreckungen regelt. Demnach können derartige Grundstücke innerhalb zehn Jahre von der Einverleibung des Eigentumsrechtes zu Gunsten des Erwerbers nur mit Zustimmung des Landesgerichtes veräussert werden, während für ihre Belastung und ihre Befreiung von der Zwangsvollstreckung die angeführten Bestimmungen des Abschnittes Geltung haben. Die Zustimmung zu der Veräusserung ist nicht notwendig im Falle der Enteignung und wenn der Eigentümer das Grundstück seinem Nachkommen überträgt. Mit Zustimmung des Landesgerichtes kann auch für Grundstücke, die wohl auf Grund des gegenwärtigen Gesetzes, jedoch nicht durch den Staat zugewendet wurden, bedungen werden, dass sie unter diese Bestimmungen fallen. Die Zustimmug kann nur verweigert werden, wenn ein privates oder ein allgemeines Interesse verletzt würde.

Gemischte Bestimmungen.

Nicht minder als der vorangehende weist auch der die gemischten Bestimmungen enthaltende IX. Abschnitt Spuren lebhafter Debatten auf. Seinen Titel verdient der Abschnitt in vollem Masse, denn von seinen achtzehn Paragraphen behandelt fast jeder eine andere Frage. In erster Reihe regelt er die Ausgabe von *Rentenschuldverschreibungen* auf Grund der gemäss dem gegenwärtigen Gesetze entstehenden Rentenforderungen. Der Betrag dieser Schuldverschreibungen darf 75 Prozent des Ablösungspreises der Renten, beziehungsweise, wenn der Schätzungswert geringer ist, dieses Wertes nicht übersteigen.

Der durch G.-A. V : 1894 geschaffene Siedelungsfonds wird in einen *Landesfonds für Grundbesitzregelung* umgestaltet und wird zugleich für entsprechende Zuwendungen an diesen Fonds gesorgt. So fliessen in diesen die Beträge ein, die nach den auf Grund des Gesetzes zur Veräusserung oder in Pacht gelangenden Grundstücken an Übertragungs- oder Verpachtungsgebühren zu bezahlen wären. Diese Beträge werden fünf Jahre hindurch mit je zehn Millionen Kronen pauschaliert. Überdies soll auch die Hälfte des Überschusses diesem Fonds zugute kommen, den die wirtschaftlichen Kriegszentralen bei ihrer Liquidierung erzielen. Der neugeschaffene Fonds soll zur Abwicklung der Grundstückzerstückelungen und der sonstigen in dem vorliegenden Gesetz behandelten grundbesitzpolitischen Aufgaben dienen, welche Beträge jedoch nach und nach zu erstatten sind. Die Anweisung zu Lasten des Fonds erfolgt durch den Präsidenten oder durch den ihn stellvertretenden zweiten Präsidenten des Landesgerichtes für Grundbesitzregelung.

In seinen weiteren Bestimmungen gewährt das Gesetz hier denjenigen, die mit Vermittlung eines der altruistischen Institute oder des erwähnten Landesfonds zu Grundstücken gelangen, zur Bezahlung des Kaufpreises weitgehende Begünstigungen. Die Minister der Finanzen, des Ackerbaues und der Landesverteidigung sollen mit gemeinsamer Verordnung bestimmen, wie die Bezüge der mit der Goldenen oder Silbernen Tapferkeitsmedaille Ausgezeichneten, der Kriegsinvaliden, der Kriegswitwen, der Kriegswaisen, der öffentlichen Angestellten und der Berufssoldaten zur Zuwendung von Grundbesitz an die erwähnten Personen zu verwenden wären. Sehr eingehend werden sodann die Tilgung und die Löschung der Hypothekarlasten, beziehungsweise ihr weiteres Verbleiben geregelt, wobei Gläubigern, deren Forderungen voraussichtlich nicht zur Befriedigung gelangen würden, das Recht eingeräumt wird, eine gerichtliche Schätzung des Grundstückes zu beantragen. Ergibt diese einen höhern Wert, so ist der zur Deckung der Hypothekarlasten hinterlegte Betrag zu ergänzen, da sonst das weitere grundbücherliche Verfahren eingestellt wird. Die Durchführung der Schätzung unterbleibt, wenn inzwischen die berechtigte Forderung des die Schätzung beantragenden Gläubigers befriedigt wird. Sie hat ferner nicht statt, wenn der durch Hinterlegung gedeckte Wert des Grundstückes bereits gerichtlich bestimmt wurde.

Unter Grundbesitz will das Gesetz *Forst- und Alpenwirtschaften* nicht verstehen, über die ein besonderes Gesetz bestimmen wird. Als *Grundstücke eingeschränkten Verkehrs* gelten Grundstücke, die Eigentum eines zur öffentlichen Rechnungslegung verpflichteten Unternehmens oder Vereines, einer Handelsgesellschaft, eines Fonds, einer Stiftung oder einer ähnlichen Einrichtung, einer kirchlichen Pfründe, einer kirchlichen Körperschaft, eines Fideikommisses, eines Kompossessorats, einer gewesenen Urbarialkommunität oder überhaupt einer juristischen Person sind.

Bei der Verhandlung des diese Bestimmungen enthaltenden § 83 wurde ein Beschlussantrag des Abgeordneten MORIZ PUTNOKY angenommen, demgemäss die Nationalversammlung den Ackerbauminister anweist, das in dem Paragraphen erwähnte Gesetz über Forst- und Alpenwirtschaften möglichst bald einzubringen und dass in diesem Gesetz dafür zu sorgen sei, dass von den zu Weidezwecken geeigneten grösseren Forstflächen der für Gemeinweiden unentbehrlich notwendige Teil für diese Zwecke verwendbar sei. Die Annahme dieses Beschlussantrages erfolgte, nachdem der

Ackerbauminister erklärt hatte, der fragliche Gesetzentwurf sei bereits fertiggestellt und harre nur noch der Verhandlung im Ministerrat.

Der Staat hat die auf Grund des Gesetzes erworbenen Grundstücke zu Siedelungs-, Zerstückelungs- und zu anderen aus dem Gesichtspunkt der Nationalförderung wichtigen grundbesitzpolitischen Zwecken zu verwenden. In der Spezialdebatte wurde diese Bestimmung dahin ergänzt, dass als derartiger Zweck auch die Überlassung von Grundbesitz an Kirchengemeinden zu gelten habe, der zur Dotierung der ordentlichen Seelsorger und Lehrer zu verwenden ist. Auch wurden in die Reihe derjenigen Einrichtungen, zu deren Schaffung und Entwicklung die erwähnten Grundbesitze ebenfalls verwendet werden können, auch die Einrichtungen hygienischer Natur aufgenommen. Alle auf Grund dieses Gesetzes landwirtschaftlichen Einrichtungen öffentlichen Interesses zugewendeten Grundstücke, wie auch alle sonstigen im Dienste des landwirtschaftlichen Unterrichts und des landwirtschaftlichen Versuchswesens stehenden Grundstücke gehören unter die Verwaltung des Ackerbauministers.

Der frühere Eigentümer von auf Grund des gegenwärtigen Gesetzes erworbenen Hausstellen können, wenn das Landesgericht für Grundbesitzregelung es beschliesst, die abgelöste Fläche *zurückfordern*, wenn auf dieser längstens innerhalb fünf Jahre kein Wohnhaus errichtet wird, welche Frist jedoch in beachtenswerten Fällen durch das Landesgericht verlängert werden kann.

Das Landesgericht kann von der Anwendung der im Gesetze gestatteten Ausnahmen oder Begünstigungen absehen und die schon angewendeten widerrufen, wenn die Verhältnisse des Besitzers sich derart ändern, dass er gemäss den angeführten Ausschliessungsgründen der Zuwendung von Grund und Boden unwürdig wäre.

Die erwähnten juristischen Personen können ein landwirtschaftlich kultiviertes Grundstück nur mit Zustimmung des Landesgerichtes für Grundbesitzregelung erwerben oder pachten. Die Zustimmung ist nicht notwendig bei Enteignungen, oder wenn der Käufer oder Pächter eines der altruistischen Institute ist.

Will der neue Eigentümer sich auf dem auf Grund des Gesetzes ihm zugewendeten Grundstücke *niederlassen*, so kann ihm das die Gemeinde nicht verweigern und für die Aufnahme in den Verband der Siedler keine Gebühr einheben.

Rückwanderern sind auch dann mit Zustimmung des Landesgerichtes Grundstücke zuzuwenden, wenn das Repatriierungsverfahren noch nicht beendet, aber bereits eingeleitet ist. Im übrigen sind die einschlägigen Bestimmungen des Gesetzes auch auf Rückwanderer entsprechend anzuwenden.

Ein in den Ausschussberatungen angenommener neuer Paragraph bestimmt, das Mittelgrundbesitze nicht übersteigende, durch Vorkauf oder Ablösung vom Staate erworbene Grundstücke, die der frühere Eigentümer während des Krieges infolge der kriegerischen Verhältnisse zu verhältnismässig wohlfeilem Preise zu überlassen gezwungen war, dem früheren Eigentümer, im Falle seines mittlerweile erfolgten Ablebens seinem Erben oder Ehegenossen, *wieder zugewendet* werden können, wenn das betreffende Grundstück nicht zur Befriedigung der durch das Gesetz vor Augen gehaltenen wichtigsten Interessen dient.

Auch dieser Paragraph gab in der Spezialdebatte der Nationalversammlung zu einer längeren Debatte Anlass, in der der Abgeordnete Ludwig Szilágyi den Antrag einbrachte, das wenn derjenige, von dem der Staat das Grundstück erwirbt, im Verhältnis zu dem seinerzeit von ihm gezahlten Kaufpreise unbegründeterweise zu einem grossen *Vermögensvorteil* gelangt, das Landesgericht für Grundbesitzregelung diesen Vermögensvorteil der Billigkeit entsprechend zwischen demjenigen, von dem der Staat das Grundstück erworben hat und zwischen dessen früherem Eigentümer teilen kann. Mit Zustimmung des Ackerbauministers wurde dieser Antrag auch angenommen. Weitergehende Anträge mehrerer Abgeordneten, die den früheren Eigentümern geradezu ein Rückkaufsrecht sichern wollten, wurden jedoch sowohl vom Ackerbauminister wie auch von der Mehrheit der Nationalversammlung abgelehnt.

In Gemeinden, in denen infolge der hier geregelten Ablösungen oder anderer Erwerbungen zahlreiche neue Parzellen entstehen, kann das Landesgericht, wenn notwendig, auch von amtswegen die *Kommassation* anordnen. Ein weiterer neuerer Paragraph sorgt für die rasche Stellungsnahme der Gemeinderepräsentanz, wenn ihr ein Fall zur Kenntnis gelangt, in dem der Staat sein Vorkaufs-, sein Ablösungsrecht oder sein Recht auf Pachtübernahme ausüben kann. Das Landesgericht hat die Finanzinstitutszentrale immer zu verständigen, wenn ein in dem gegenwärtigen Gesetze geregeltes Verfahren durch Privatgeschäfte derart abgewickelt wird, dass dabei Darlehen aufgenommen werden. Die Finanzinstitutszentrale hat dann diese Angelegenheiten entsprechend zu kontrollieren.

Das Verfahren vor dem Landesgericht für Grundbesitzregelung wie auch vor den im Gesetze erwähnten gemischten Gerichten ist *gebührenfrei*, wenn es von amtswegen oder auf Antrag irgend eines Ministers durchgeführt wird. Geschieht das auf Antrag von Privatparteien, so sind Gerichtsgebühren zu entrichten, die der Finanzminister im Einvernehmen mit den Ministern des Ackerbaues und der Justiz mit Verordnung bestimmt. Die Verordnung ist der Nationalversammlung vorzulegen.

Strafbestimmungen.

Der die Strafbestimmungen regelnde X. Abschnitt bestimmt zweierlei Strafsätze. Der eine ist Geldbusse bis zu 50.000 Kronen, welche Strafe anzuwenden ist gegenüber denjenigen, die Grundstückzerstückelungen oder Ansiedelungen, die Zusammenschreibung oder das Anwerben von Käufern oder Siedlern nicht anmelden; die derartige Arbeiten entgegen den Bestimmungen der Behörde beginnen, fortsetzen oder durchführen; die im Verlaufe einer Grundstückzerstückelung oder Siedlung den den Behörden gegenüber übernommenen Verpflichtungen nicht Genüge leisten; die erworbene landwirtschaftliche Grundstücke innerhalb sechzig Tage aus eigenem Verschulden nicht auf ihren Namen grundbücherlich eintragen lassen.

Der zweite Strafsatz ist Haft bis zu sechs Monaten und Geldstrafe bis zu 2000 Kronen. Dieser Strafsatz ist gegenüber denjenigen anzuwenden, die, wenn ihre Handlung nicht einer schwereren Einrechnung unterliegt, eine Übertretung dadurch begehen, dass sie in irgendeiner Eigenschaft an dem Abschlusse oder an der Durchführung eines gegen das gegenwärtige Gesetz verstossenden oder auf dessen Umgehung abzielenden Geschäftes teilnehmen; die der Behörde bei der Anwendung des gegenwärtigen Gesetzes bewusst falsche Angaben mitteilen oder die pflichtgemässe Mitteilung von Angaben verweigern, und drittens, die sich mit der Vermittlung des Immobilienverkehrs oder mit Kauf oder Verkauf von Grundstücken ohne Bewilligung des Landesgerichtes für Grundbesitzregelung geschäftsmässig befassen, oder wenn sie eine solche Bewilligung besitzen, über die Geschäfte keine vorschriftsmässigen Bücher führen.

Landwirtschaftliche Grundstücke, bezüglich deren eine der hier erwähnten Handlungen begangen wurde, kann der Staat, insoweit derjenige, der die Handlung begangen hat, Eigentümer des betreffenden Grundstückes ist, auf Grund einer Entscheidung des Landesgerichtes für Grundbesitzregelung ablösen, in velchem Falle die im Gesetze bestimmten Einschränkungen dieses Rechtes entfallen. Die Hälfte des Ablösungspreises kann, wenn die Gewinnsucht des Täters zu konstatieren ist, auf Grund einer Entscheidung des

Landesgerichtes zu Gunsten des Landesfonds für Grundbesitzregelung eingezogen werden, insoweit der Betrag zur Deckung der Grundbuchslasten nicht notwendig ist.

Schlussbestimmungen.

Der XI. Abschnitt enthält unter diesem Titel Bestimmungen über die Designierung der gemäss dem Gesetze von der landwirtschaftlichen Landeskammer zu wählenden Mitglieder der verschiedenen Gerichte bis zur Bildung dieser Kammer. Bis dahin hat diese Designierung der Ackerbauminister vorzunehmen, dessen Bestimmungen ihre Wirksamkeit verlieren, sobald die Kammer gebildet wird. Da die Nationalversammlung, wie erwähnt, schon nach Unterbreitung des Gesetzentwurfes, doch noch vor dessen Erhebung zu Gesetzeskraft über die *Bestimmung von Hausstellen* und über die *Bildung von Kleinpachtungen* ein besonderes Gesetz (G.-A. XXIX : 1920) geschaffen hat, sorgt das Gesetz hier für die Herstellung voller Übereinstimmung zwischen den Bestimmungen der beiden Gesetze.

Schliesslich werden der Minister für Ackerbau, der Justiz und der Finanzen mit dem *Vollzuge des Gesetzes*, wie auch mit der Schaffung der *Übergangsvorschriften* betraut.

Das Gesetz ist am 7. Dezember, dem Tage seiner Verlautbarung im Amtsblatte, in Kraft getreten.

"PÁTRIA" NYOMDAI R.T. BUDAPEST
212259

„Pátria" Literarisches Unternehmen und Druckerei Aktiengesellschaft, Budapest.

www.ingramcontent.com/pod-product-compliance
Lightning Source LLC
LaVergne TN
LVHW081350011026
849161LV00013BB/3042